21世纪经济管理新形态教材·电子商务系列

跨境电商实训教程
基于Shopify独立站的开店与运营

杨 治 吴文浩 樊茗玥 何 娣 ◎ 编 著

清华大学出版社

北 京

内 容 简 介

本书从跨境电商独立站初学者的角度出发，向读者介绍了基于Shopify的独立站构建和运营的基本流程和方法。全书共分十一章，第一章和第二章分析了跨境电商的基本实现形式以及Shopify独立站的特点；第三章说明了Shopify独立站的创建流程和其基本结构；第四章对Shopify独立站的基础设置进行了介绍；第五章至第十章从运营的角度对其选品方法、折扣设计、页面设置、采购和发货、订单处理和引流技术进行了详细讲解；第十一章阐述了Shopify独立站的优化策略并介绍了常用的应用。通过实例化的方式让读者更好理解和掌握Shopify独立站从创建到运营和优化的基本流程、步骤和方法，为读者提供了从入门到精通的学习路径。

本书可作为管理类专业、经济类专业及相关专业本科和研究生跨境电商课程的教材，也可供跨境电商相关行业的从业人员及对跨境电商感兴趣者进行参考。

本书封面贴有清华大学出版社防伪标签，无标签者不得销售。
版权所有，侵权必究。举报：010-62782989，beiqinquan@tup.tsinghua.edu.cn。

图书在版编目(CIP)数据

跨境电商实训教程：基于 Shopify 独立站的开店与运营/杨治等编著. —北京：清华大学出版社，2023.9
21世纪经济管理新形态教材. 电子商务系列
ISBN 978-7-302-64704-1

Ⅰ. ①跨… Ⅱ. ①杨… Ⅲ. ①电子商务－运营管理－高等学校－教材 Ⅳ. ①F713.365.1

中国国家版本馆CIP数据核字(2023)第183563号

责任编辑：付潭娇
封面设计：汉风唐韵
责任校对：王凤芝
责任印制：杨 艳

出版发行：清华大学出版社
网 址：http://www.tup.com.cn, http://www.wqbook.com
地 址：北京清华大学学研大厦A座　　　邮 编：100084
社 总 机：010-83470000　　　　　　　　邮 购：010-62786544
投稿与读者服务：010-62776969, c-service@tup.tsinghua.edu.cn
质 量 反 馈：010-62772015, zhiliang@tup.tsinghua.edu.cn
课 件 下 载：http://www.tup.com.cn, 010-83470332

印 装 者：大厂回族自治县彩虹印刷有限公司
经　　销：全国新华书店
开　　本：185mm×260mm　　印 张：13　　字 数：310千字
版　　次：2023年10月第1版　　　　　　印 次：2023年10月第1次印刷
定　　价：49.00元

产品编号：097522-01

  我国跨境电商在 20 年间从无到有、从弱到强，经历了从萌芽到成长，从扩展到成熟的 4 个阶段。当前，我国跨境电商产业正在加速外贸创新发展进程，已经成为我国外贸发展的新引擎。由于疫情的持续影响，线上消费规模迅速扩张，2019—2021 年欧美及亚太地区主要国家的整体电商零售额增幅超过了 15%，实现了高速增长。而受益于我国对于跨境电商的持续鼓励政策，以及强大的供应链基础及丰富的人才资源，我国的跨境电商企业已经初具规模，积累了较强的产品、供应链能力及一定运营经验。

  要实现跨境电商，必须要有相应的载体（店铺网站），对于直接面向卖家的跨境电商，按照实现方式，可以将其分为平台站模式和独立站模式这两种基本的类型。

  早期，跨境电商主要通过平台站模式来实现，也就是商家在第三方的开放平台上开设跨境电商店铺网站，销售主要在商家和客户之间进行，而第三方平台负责整合物流、支付、运营等服务资源来吸引商家进驻，为其提供跨境电商交易服务。但是随着这些第三方平台的实力增强，商家对其越来越依赖，所拥有的话语权越来越小。比如 2021 年 4 月，亚马逊对多家店铺进行了整治和封号，其中中国商家成为封号重灾区。

  在此形式下，越来越多的跨境电商开始采用独立站模式。在独立站模式中，商家自己搭建店铺网站，拥有自己独立的跨境电商店铺网站来展示和销售自己的产品，商家能够完全独立运营，不受第三方平台的限制，可以自由地塑造自己的品牌。但是由于独立站本身没有流量，需要更加注重推广和引流，对市场调研和选品也要求更高。

  在独立站模式的实现方式中，基于 Shopify 来进行构建是当前的主流选择，但是对于初学者而言，作为一个具有完整功能的跨境电商网站，Shopify 独立站的学习难度较大。

  为了方便读者学习，本书从跨境电商独立站的运营全流程出发，辅以大量实例，介绍了跨境电商中 Shopify 独立站创建、基础设置、选品和上架、扩展设置、采购与发货、订单管理、引流和营销、优化的方法和操作，还介绍了 Shopify 独立站的常用应用，提供了从入门到精通的学习路径，为 Shopify 独立站的定位、选品、运营和优化等方面提供了思路和借鉴。

  在跨境电商的发展大潮中，Shopify 独立站作为其中最具潜力的新秀，相信读者通过认真的学习和思考、不断的探索和调整，一定能有所收获，享受跨境电商的红利。

  本书介绍了基于 Shopify 构建独立站的基本流程和方法，随着跨境电商的快速发展，Shopify 的功能和操作也在不断调整和完善，读者可在掌握本书介绍知识的基础上结合 Shopify 的最新功能进行实践。

作者
2023 年 5 月

第1章 跨境电商及平台概述	1
1.1 跨境电商的概念及特点	1
1.2 我国跨境电商的发展历程	3
1.3 跨境电商的实现模式及方式	4
本章小结	7
思考题	7
即测即练	8
第2章 跨境电商的平台站和独立站	9
2.1 平台站和独立站	9
2.2 独立站的主要运作模式	10
2.3 Shopify的发展历程及特点	11
本章小结	13
思考题	14
即测即练	14
第3章 Shopify独立站的创建	15
3.1 Shopify独立站的创建流程	15
3.2 Shopify独立站的基本结构	25
本章小结	41
思考题	41
即测即练	41
第4章 Shopify独立站的基本设置	42
4.1 添加产品	43
4.2 模板的使用和设置	51
4.3 设置域名	61
4.4 访问密码设置	68
本章小结	70

思考题 ·· 70
即测即练 ·· 70

第 5 章　Shopify 独立站的选品和上架 ·· 71

5.1　Shopify 独立站选品的影响因素 ·· 71
5.2　Shopify 独立站的选品方法 ·· 73
5.3　Shopify 独立站中产品的上架方式 ·· 81
5.4　Shopify 独立站的产品管理 ·· 92
本章小结 ·· 101
思考题 ·· 101
即测即练 ·· 101

第 6 章　Shopify 独立站的扩展设置 ·· 102

6.1　Shopify 独立站的折扣设置 ·· 102
6.2　Shopify 独立站的收付款设置 ·· 116
6.3　Shopify 独立站的在线商店设置 ·· 118
本章小结 ·· 127
思考题 ·· 127
即测即练 ·· 128

第 7 章　Shopify 独立站的采购与发货 ·· 129

7.1　Shopify 独立站的采购 ·· 129
7.2　Shopify 独立站的发货模式 ·· 133
7.3　运费设置的基本原理 ·· 134
7.4　Shopify 独立站发货和配送设置 ·· 135
本章小结 ·· 146
思考题 ·· 146
即测即练 ·· 146

第 8 章　Shopify 独立站的订单管理 ·· 147

8.1　Shopify 独立站的购买订单管理 ·· 147
8.2　Shopify 独立站的弃购订单管理 ·· 150
8.3　Shopify 独立站的订单退款管理 ·· 155
本章小结 ·· 157
思考题 ·· 157
即测即练 ·· 157

第 9 章　Shopify 独立站的引流和营销·················158

- 9.1　Shopify 独立站的引流方式·················158
- 9.2　免费引流·················159
- 9.3　付费引流·················168
- 本章小结·················171
- 思考题·················171
- 即测即练·················171

第 10 章　Shopify 独立站的优化方法·················172

- 10.1　Logo 的设计与优化·················172
- 10.2　Shopify 独立站主页的优化·················180
- 10.3　Shopify 独立站落地页的优化·················181
- 10.4　Shopify 独立站结账的优化·················183
- 本章小结·················185
- 思考题·················185
- 即测即练·················185

第 11 章　Shopify 独立站的常用应用·················186

- 11.1　Shopify 应用·················186
- 11.2　常用 Shopify 应用·················191
- 本章小结·················196
- 思考题·················196
- 即测即练·················196

参考文献·················197

第1章 跨境电商及平台概述

1.1 跨境电商的概念及特点

1.1.1 跨境电商的概念和类别

跨境电子商务（Cross Border E-commerce）是指分属不同关境的交易主体，通过电子商务平台达成交易、进行支付结算，并通过跨境物流送达商品、完成交易的一种国际商业活动，也可简称为跨境电商。

跨境电商作为一种国际贸易新业态，是将传统国际贸易加以网络化、电子化，以电子技术和物流为主要手段，以商务为核心，把传统的销售、购物渠道移到网上，打破国家与地区之间有形无形的壁垒，因其具有减少中间环节、节约成本等优势，在全世界范围内发展迅猛。

跨境电商从贸易方向上看，分为跨境进口电商与跨境出口电商，本书中介绍的主要是跨境出口电商；从贸易形式上看，主要分为 B2B 跨境电商与 B2C 跨境电商，其中，B2B 跨境电商又称在线批发，是外贸企业间通过互联网进行产品、服务及信息交换的一种商业模式。B2C 是跨境电商企业针对个人消费者开展的网上零售活动。目前，B2C 类跨境电商在中国整体跨境电商市场交易规模中的占比不断升高。

1.1.2 跨境电商的特点

跨境电商是基于网络特别是互联网发展起来的，主要基于互联网来实现电子商务的流程，而互联网独特的价值标准和行为模式深刻地影响着跨境电子商务，使其不同于传统的交易方式，并呈现出自己的特点。首先，跨境电商具有电子商务的一般特征。

全球性：互联网具有全球性和非中心化的特征，是一个没有边界的中介和连接方式，而基于互联网的跨境电商也因而具有全球性和非中心化的特性。跨境电商与传统的交易方式相比，其弱化了传统交易中的地理因素。互联网用户不需要考虑跨越国界就可以把产品尤其是高附加值产品和服务销售到所有市场。全球性特征带来的积极影响是信息的最大程度的共享，而消极影响是用户必须面临因文化、政治和法律的不同而产生的风险。

无形性：互联网的发展使数字化产品和服务的传输盛行。而数字化传输是通过不同类型的媒介，例如数据、声音和图像在全球化网络环境中进行的，这些媒介在网络中是以计算机数据代码的形式出现，因而是无形的。跨境电商是数字化传输活动的一种特殊形式，很难控制和检查销售商的交易活动，从而给管理如税收带来困难。传统交易以实物交易为主，而在跨境电商中，无形产品却可以替代实物成为交易的对象。以书籍为例，传统的纸质书籍，其排版、印刷、销售和购买被看作是产品的生产和销售。然而在跨境电商交易中，消费者只要购买网上的数字版权便可以使用书中的知识和信息。

匿名性：由于跨境电商的非中心化和全球性的特性，因此，很难识别电子商务用户的身份和其所处的地理位置。在线交易的消费者可以不显示自己的真实身份和自己的地理位置而不影响交易的进行。在虚拟社会里，隐匿身份的便利迅即导致自由与责任的不对称。人们可以享受充分的自由，却只承担较小的责任，这给监管制造困难，如跨境电商交易的匿名性导致了逃税现象的恶化，网络的发展降低了避税成本，使跨境电商避税更容易实现。跨境电商交易的匿名性使得应纳税人利用避税的联机金融机构规避税收监管成为可能。电子货币的广泛使用，以及互联网所提供的某些避税地银行对客户的"完全税收保护"，使得纳税人可将其源于世界各国的投资所得直接汇入避税地联机银行，规避了应纳所得税。

即时性：对于互联网而言，传输的速度和地理距离无关。传统的交易模式中的信息交流方式如信函、电报、传真等，在信息的发送与接收间，存在着长短不同的时间差。而跨境电商中的信息交流，无论实际时空距离远近，一方发送信息与另一方接收信息几乎是同时的，订货、付款、交货都可以在瞬间完成。跨境电商交易的即时性提高了人们交往和交易的效率，免去了传统交易中的中介环节，但也隐藏了法律危机。例如，跨境电商交易的即时性往往会导致交易活动的随意性，跨境电商主体的交易活动可能随时开始、随时终止、随时变动，这就使得税务机关难以掌握交易双方的具体交易情况，不仅使得税收的源头扣缴的控管手段失灵，而且客观上促成了纳税人不遵从税法的随意性。

无纸化：跨境电商主要采取无纸化操作的方式。在跨境电商中，电子计算机通信记录取代了一系列的纸面交易文件。用户发送或接收，以比特的形式存在和传送，整个过程实现了无纸化。无纸化带来的积极影响是使信息传递摆脱了纸张的限制，但由于传统法律的许多规范是以规范"有纸交易"为出发点的，因此，无纸化带来了一定程度上法律的混乱。跨境电商以数字合同、数字时间取代了传统贸易中的书面合同、结算票据，削弱了税务当局获取跨国纳税人经营状况和财务信息的能力，且跨境电商所采用的其他保密措施也将增加税务机关掌握纳税人财务信息的难度。

此外，和普通的电子商务相比，跨境电商还具有自己独特的特征。

交易成本低：跨境电商能减少供应链环节及商品流转次数，大幅降低交易主体的成本和费用。对于消费者来说，以更低的价格购买到更好的产品，对经营者来说，大幅提升了利润率，吸引更多经营者和消费者自觉参与到跨境电商的洪流中；跨境电商还可通过Twitter、FaceBook等社交网络进行精准营销，有效提升品牌形象，降低营销成本。

准入门槛低：传统进入跨境交易的企业必须是专门从事外贸交易的企业，且须取得专业准入资格，而跨境电商则为所有的企业、个人提供了近乎零准入条件的门槛。除外贸公司、生产商等传统跨境商务主体外，中小企业甚至家庭作坊式小厂主、经销商、代理商均成为跨境电商的积极参与者。

交易多元性：传统跨境交易一般为双边贸易，而跨境电商远超过双边交易，呈现更加多元的特点，如在中国生产制造的A产品，在美国国内的电子交易平台销售，使用英国的银行卡支付，通过西班牙的物流公司流转，最终消费者是身在法国的顾客。如此一来，跨境电商就构成了纵横交错的网络。

竞争激烈化：传统外贸交易基本集中于江浙闽沪等占据先天沿海地理优势、经济开放程度较高的地区。然而，跨境电商由于减少了中间环节，使得内陆地区也获得了参与外贸交易的机会，地区间的竞争将日益激烈。对消费者来说，商品或服务质量、使用体会和物流效率才是决定购买的关键。

可见，跨境电商作为推动经济一体化、贸易全球化的技术基础，具有非常重要的战略意义。跨境电商不仅冲破了国家间的障碍，使国际贸易走向无国界贸易，同时它也正在引起世界经济贸易的巨大变革。对企业来说，跨境电商构建的开放、多维、立体的多边经贸合作模式，极大地拓宽了进入国际市场的路径，大大促进了多边资源的优化配置与企业间的互利共赢；对于消费者来说，跨境电商使得他们可以非常容易地获取其他国家的信息并买到物美价廉的商品。

1.2 我国跨境电商的发展历程

我国跨境电商在 20 多年间从无到有、从弱到强，经历了从萌芽到成长，从扩展到成熟的 4 个阶段。当前，跨境电商已经成为我国外贸和经济发展的新引擎。

1. 萌芽期（1999—2003 年）

1999 年阿里巴巴成立，拉开了中国跨境电商发展的序幕。最初，阿里巴巴相当于互联网上的黄页，将中国企业的产品信息向全球客户展示，定位于 B2B 大宗贸易。买方通过阿里巴巴平台了解到卖方的产品信息，然后双方通过线下洽谈成交，所以当时的大部分交易是在线下完成的。

2000 年前后，少量国人开始在 eBay 和 Amazon 等国外平台尝试跨境电商，但此时还没有形成规模。

此阶段主要是网上展示、线下交易的外贸信息服务模式。主要的功能是为企业信息及产品提供网络展示平台，并不在网络上涉及任何交易环节。

2. 成长期（2004—2012 年）

在此阶段，跨境电商开始摆脱单纯的页面展示行为，将线下交易、支付、物流等流程实现电子化，逐步实现在线交易平台。

相比较萌芽期，成长期更能体现电子商务的本质，借助于电子商务平台，通过服务和资源的有效整合打通上下游供应链，出现了 B2B（平台对企业小额交易）平台模式以及 B2C（平台对用户）平台模式两种模式。其中，B2B 平台模式为此阶段跨境电商的主流模式，通过直接对接中小企业商户实现产业链的进一步缩短，提升商品销售利润空间。

3. 探索期（2013—2018 年）

2013 年是跨境电商的重要转型年，随着"互联网＋"时代的来临，跨境电商的全产业链都出现了商业模式的变化，跨境电商的探索期随之到来。

我国政府在 2015 年出台文件支持跨境电商，并在全国设立跨境电子商务试验区，结合全国设立贸易自由试验区，积极地探索跨境电商的管理制度，各地也出现跨境电商保税区，探索跨境电商的发展新模式。

在这一阶段，跨境电商的独立站逐渐进入大众视野，成为近几年的"热门词汇"，同时跨境电商中品牌的作用越来越凸显。

近年来，随着国际贸易条件的恶化，以及欧洲、日本的需求持续疲弱，中国出口贸易增速出现了下台阶式的减缓。而以跨境电商为代表的新型贸易近年来的发展脚步正在逐渐加快，并有望成为中国贸易乃至整个经济的全新增长引擎。

2018年11月21日，国务院常务会议决定延续和完善跨境电子商务零售进口政策并扩大适用范围，政府极力鼓励中国企业走出去，中国产品借助跨境电商平台出海实现经济增长，这些都是对中国经济发展有巨大的影响力，无论政府还是企业都是受惠者。

4. 成熟期（2019—至今）

随着跨境电商的参与者越来越多，竞争越来越激烈，跨境电商中的精细化运营、本土化运营等开始受到重视并得到实际应用，跨境电商进入成熟期。

在此阶段，线上线下结合、小众分销、短视频、直播营销等创新模式持续渗透，使得跨境电商的形式更加多样化。而头部企业、品牌巨头和行业壁垒也初步形成，要求更多的差异化的运营。

国家也持续扶持跨境电商的发展，2020年1月商务部、发展改革委、财政部、海关总署、税务总局、市场监管总局等六部委联合印发《关于扩大跨境电商零售进口试点的通知》进一步扩大跨境电商零售进口试点范围。2021年7月政策明确提出对海外仓的支持，跨境出口的基础设施逐步建设完善和成熟。

1.3　跨境电商的实现模式及方式

1.3.1　跨境电商的实现模式

要实现跨境电商，必须要有相应的载体（店铺网站），对于直接面向卖家的跨境电商，按照其实现方式，我们可以将其分为平台站模式和独立站模式两种基本的类型。

平台站模式：在开放平台上开设跨境电商店铺网站的模式。这些平台通常发展时间长、知名度高、流量大，平台本身侧重于平台自身的建设和交易安全维护，销售主要由第三方卖家和顾客之间进行。平台站整合物流、支付、运营等服务资源来吸引卖家进驻，为其提供跨境电商交易服务，并维护交易安全确保交易公平保证各方利益，平台以收取商家佣金及增值服务佣金作为主要盈利模式。比较有代表性的开放平台有亚马逊、Wish、全球速卖通和eBay等。

独立站模式：卖家自己搭建跨境电商店铺网站的模式。其拥有独立的网站域名、服务器及网站程序，并能通过线上的方式来展示或者销售自己的产品。网站由卖家完全独立运营，不受平台限制。常见的独立站构建（在线）工具有Shopify、BigCommerce、Wix和WooCommerce等。

有些卖家在实现跨境电商时会同时运营平台站和独立站，以实现多渠道的覆盖来提高自己的竞争力，这就是平台站和独立站的混合。

1.3.2 常见实现方式

（一）平台站模式

1. 亚马逊（Amazon）

亚马逊（Amazon）是目前最大的全球性交易平台，亚马逊对供应商的品质要求比较高，开店比较复杂并且有非常严格的审核制度，需要有专门的登录电脑和美国本土银行卡作提现用。由于亚马逊跨境业务开展较早，平台上已经形成了稳定的竞争格局，门槛较高，适合有一定外贸基础和资源的商家进入。

优势：亚马逊是电子商务的开创者，拥有庞大的客户群和流量优势；具有强大的仓储物流系统和服务，尤其是北美、欧洲、日本地区。卖家只需要负责出售产品，后期的打包，物流，退换货都由亚马逊提供统一的标准的服务模式。通过亚马逊FBA配送的方式，卖家可以实现各种商品，包括大件商品的销售。

劣势：对卖家的产品品质要求高；手续较其他平台略复杂；市场比较成熟，竞争激烈。

2. Wish

Wish是一个高速增长的新兴移动电商平台，访问量已跻身同类型平台的前列。作为一个新平台，卖家数量还未饱和，Wish平台所售商品价格较低，限制仿冒品，拥有独特的产品推荐方式。该平台开店简单、界面友好，卖家可以开多家店铺。

优势：Wish是目前最大的移动跨境电商平台，App的装机量在多个国家排第一，操作简单，有适合中国卖家的全中文后台，有助于卖家快速上手。

劣势：新开wish店铺需要缴纳保证金，对于新手卖家来说，投入成本和门槛比较高。同时该平台对发货时效、妥投率和退款率等方面都有着比较严格的要求。

3. 全球速卖通（AliExpress）

全球速卖通（AliExpress）于2009年9月上线，是阿里巴巴旗下面向全球市场打造的在线交易平台，被广大卖家称为"国际版淘宝"。全球速卖通主要面向海外买家，通过支付宝国际账户进行担保交易，并使用国际快递发货。全球速卖通的访问流量较大，收费也比较高，且有向大商家和品牌方逐渐倾斜的趋势。

优势：全球速卖通是阿里集团旗下的跨境电商平台，在俄罗斯、乌克兰以及东欧和中东一些国家的市场占有率排行第一。有着全中文后台操作系统，操作规则和流程，店铺运营方式，广告投放体系和国内淘宝天猫非常相似。

劣势：入驻保证金门槛高，需要卖家投入大量的精力进行团队化运营，一些热门和特殊类目的准入要求非常严格。

4. eBay

eBay是1995年起步的线上拍卖及购物网站，曾经盛极一时，虽然近年来的发展远远落后于亚马逊，但在全球仍拥有庞大客户群。eBay比较重视中国卖家，鼓励中国商家开辟海外网络直销渠道，拥有全中文后台管理界面，设立有专门的eBay培训中心进行线上线下的开店及运营辅导，注册免费，上手快。

优势：eBay 是 4 大平台里创立时间最早的平台，在一些小的类目，如汽配、摩配、汽车改装件和收藏艺术品等类目上销量比亚马逊高，开店门槛比较低。

劣势：整体的流量和买家数量上落后于亚马逊，其综合费用不低，其开店虽然是免费的，但上架产品需要收费，同时需要商品成交费用和推广费用。

除了上述常见平台之外，还有东南亚的跨境电商平台如 Lazada、shopee、Flipkart、Zalora 和 Luxola 等。北美的跨境电商平台如 Walmart（沃尔玛）、Newegg、Bestbuy、OverStock 和 Staples 等。南美的跨境电商平台如 MercadoLibre、MercadoLivre 和 Linio 等。欧洲的跨境电商平台 Cdiscount、BingaBinga、Vente-Privée、Net-a-Porter、Otto、Allegro 等。

（二）独立站模式

独立站是卖家自己建立和管理店铺网站，其本质就是独立的网站，因此可以使用传统的建站工具如 WordPress 来完成。

但是由于该网站是面向跨境电商应用，涉及销售、客户、支付、物流等操作，具有一定的难度。所以传统的建站工具难以适应跨境电商独立站的需求。于是有服务商推出跨境电商独立站建站工具（平台）来简化独立站的建立和运营的难度。这些服务商提供 SaaS（基于软件的服务）的建站服务，帮助卖家实现自助式的建站。独立站服务商将应用软件统一部署在自己的服务器上，卖家们根据自己的需求订购不同服务。通过成熟的模块化系统，快速帮助用户从网站开发、设计和集成等维度搭建站点。

1. Shopify

Shopify 是一家加拿大的上市公司，也是独立站 SaaS 平台建站的巨头，各种应用齐全且易于使用。卖家可以将热门产品快速添加到自己的商店，然后使用 Shopify 平台开始销售。Shopify 集成的一件代发工具也使其成为很多中小卖家的最佳选择。不过，要使用各种插件、多样功能的话，除了交订阅费，还需要另外付费。很多基础功能和市场营销插件都会随着使用量的增加而费用递增。

优点：拖放式的操作界面，网站加载时间短。功能全面，还可以使用插件进行扩展，可以在一段时间内免费试用。

缺点：免费主题数量有限，且使用 Shopify 以外的付款方式进行交易需要支付交易费用。

2. BigCommerce

BigCommerce 的特色是可灵活满足各种规模企业的需求，不限行业或销售领域。拥有一套全面的标准建站功能和一些额外的功能。BigCommerce 作为帮助卖家构建自己的独立站的工具，提供了多种自定义模板帮助卖家快速入门。

优点：支持多渠道销售；可以接受国际支付，提供免费试用。可在没有开发人员的情况下提供完全的自定义功能，提供合理的定价计划以及全面的分析报告。

缺点：用户需要时间学习自定义功能，免费主题有限，大批量销售时收取费用较高。

3. Wix

Wix 可以帮助卖家快速创建精致的跨境电商独立站，卖家可以利用 Wix 出色的图像和视频功能来全面而且美观地展示产品。卖家可以出售实物和数字商品。Wix 的付款方式涵盖所有经典方式：汇款、信用卡和 PayPal。卖家不支付计划费用就无法发布商店，在支付计划费用后就可以使用所有功能。

优点：比较适合小型企业。它提供了500多个模板，可以拖放式建设网站，而且网站构建流程简单，具有多渠道销售能力，提供14天免费试用。

缺点：其基本计划仅支持20 GB的存储空间，所以，对于大多数企业而言，基本计划可能还不够。

4. WooCommerce

WooCommerce是WordPress（WordPress是一种常见的建站工具）的第一大电子商务插件。跨境电商卖家可以将其应用于扩大在线商店。但是，因为其功能设置有一定难度，不太适合初学者。WooCommerce本身是免费的，但还要考虑托管、域名、主题，以及其他插件或扩展的隐性成本。通过将其与WPML之类的插件结合使用，跨境电商卖家的商店就可以使用多种语言。但是由于WooCommerce是开源软件，因此缺少专业支持，如果卖家不太精通建站技术并且还没有WordPress网站，建议使用Shopify之类的解决方案。

优点：工具是完全免费的，系统可订制，提供多种分析工具，会定期升级来提高安全性。

缺点：需要具有WordPress和WooCommerce的专业知识，缺少技术支持。

5. Magento

Magento是一套专业的开源电子商务系统，设计得非常灵活，具有模块化架构体系和功能。其提供了可定制的解决方案，可与第三方应用系统无缝集成。其面向企业级应用，可构建多种用途的电子商务网站。其直观的界面让更新和管理大批量业务变得容易，更适合大公司的需求。

优点：免费的开源软件，功能高扩展性，适合对搜索引擎进行优化。

缺点：托管价格昂贵，需要开发人员和IT技术支持以使网站正常运行。

除了上述系统，还有一些其他的跨境电商独立站平台和工具，如Squarespace、Smoolis、Bigcartel、Ecwid和Selz等。

在独立站模式的诸多实现方式中，由于Shopify操作简单，能很好地解决域名注册绑定、服务器搭建和维护等工作，同时又整合了如支付接口、订单管理、客户管理、弃购挽回等跨境电商所需要的功能，是目前最流行的跨境电商独独立站实现方式，并且其界面直观，实现门槛低，比较适合跨境电商新卖家使用。

本 章 小 结

本章分析了跨境电商的概念和特点，并介绍了我国跨境电商的发展历史，在其基础上总结了跨境电商的实现模式以及常见的跨境电商平台。

思 考 题

1. 总结跨境电商的定义和主要类型。

2. 简述我国跨境电商的发展历程。
3. 分析跨境电商的未来趋势。

即测即练

自学自测　扫描此码

第2章 跨境电商的平台站和独立站

2.1 平台站和独立站

上一章中我们分析了跨境电商的主要实现方式，可以分为平台站模式和独立站模式。这两种实现方式有什么区别？对于新手卖家，该如何选择适合自己的实现方式呢？

跨境电商的平台站模式和独立站模式主要有以下区别。

定位区别：首先定义上，独立站是卖家自己构建，拥有独立域名，自由宣传推广，自主管理产品、订单和客户的独立网站；而平台站则是卖家在亚马逊和 eBay 等平台上开设的网站。由定义可得两者在定位上的区别，独立站是卖家负责制定运营规则，更侧重于培养买家，打造品牌，相当于个体经营专卖店；平台站上的则需要遵守平台规则，更侧重于卖货，相当于在卖场经营店铺。

买家区别：平台站如卖场以及商场里的商店、存在同平台上的同类产品竞争，其受众是任何想消费的群体，面临琳琅满目的商品，受众的购物行为偏向货比三家，不一定购买特定某家的商品，其购物随意性较强；而独立站如专营店，其受众基本是对品牌有认知的群体，购买行为是冲着品牌购买商品，购物主动性和目标性更强。

流量区别：平台和独立站的流量也有所差异。平台自身名气会带来自然流量，平台站卖家不需要自己引流，但流量会被分配稀释给其他卖家。而独立站本身并没有流量，需要通过 SEO 以及 Facebook、Google 推广等方式将流量引入独立站，但吸引来的流量都是独立站自己的，转化率更高。

运营模式区别：独立站和平台站的卖家的最终目都是销售商品，但是由于实现方式的差异，因此两者在运营模式上有所区别。平台站基于平台实现，流量主要来自于平台，就需要在遵循平台规则和用户属性的前提下，考虑平台内的市场容量和竞争对手，其运营的重点在评论、listing、排名上，这样可以更多更好地获得平台的推广资源。而独立站则从零开始，需要使用建站工具如 Shopify 来实现。但是由于其是独立运行和管理，因此不需要遵守平台的各种规则，直接面向消费群体，自主性强，需要考虑独立站的引流、物流、服务和营销。其运营的重点在获取流量、精细化、再营销。是以提供服务、沉淀客户和打造品牌为目的的。

可以看出，平台站模式和独立站模式具有各自不同的优缺点。

平台站模式：

- 在第三方平台上开店容易，但对应的要遵守平台一系列合理不合理的要求。如果出现丝毫违规，平台会立刻关店封号。例如，亚马逊的封店情况就很频繁。
- 平台上店铺众多，卖家除了需要保证提供优质的商品，平台上的价格战也是不可避免的。毕竟用户在平台上浏览，可以在这家买，也可以在别家买，更可以货比三家再买。一旦店铺的商品失去竞争力，客户就很容易流失。很多时候千辛万苦引来的流量,很可能转向价格格更低的店铺。
- 溢价能力差:平台上比价严重,难以实现高溢价。
- 不利于建立品牌:一旦出现产品质量和服务更好的卖家,客户就会立刻流失。
- 没有客户沉淀:在平台上卖家只是售卖商品,数据掌握在平台手中,卖家想沉淀以及积累客户,几乎不可能。

独立站模式:
- 没有规则限制:因为网络是卖家自己建立的,规则可以自己设定,而且商品也没有类目和品种的限制没有平台的规则限制,发挥空间大。
- 成本低:交易佣金成本低,减少了向第三方平台缴纳的佣金或年费,同时在支付端的服务费用也相对较低。
- 复购率高:没有比价,用户复购率高。用户一旦进入独立站,没有比价空间,因此独立站运营过程中,只要把控好产品质量和服务,就很容易形成二次购买。
- 实现数据安全和增值:所有的数据完全掌握在卖家手中,可以更好地实现数据安全和增值,目前大部分第三方平台都只开放了部分数据,很多核心的用户数据是不对平台站卖家开放的。但在独立站上,所有数据都属于卖家,卖家除了可以控制数据的安全性之外,还可以实现数据的二次开发,从而源源不断地挖掘数据价值。
- 有利于塑造企业品牌:在独立站上,卖家可以按照喜好任意搭配装修风格,展现品牌地特点、地优势以及历史文化等,从而逐步建立用户信任,在提升产品的消费者信赖度的同时,又为品牌赋能做好铺垫。
- 溢价空间大:独立站具备更强的品牌溢价能力,卖家可以在独立站上全方位地阐述品牌故事,从各个角度来体现产品的特色,从而获得更大的溢价。

可见,由于独立站模式具有成本小、风险低、易上手和扩展性强等特点,相比而言,更适合跨境电商新手卖家。

2.2 独立站的主要运作模式

独立站的运营模式主要是 Dropshipping、铺货模式、垂直品类和直接面对消费者(Direct to Customer,DTC)4 种模式。

1. Dropshipping

Dropshipping 也叫"无货源"模式,是新卖家常用的独立站运营方式。卖家通过国内平台选品,并将商品上架到独立站中。只需要通过推广将消费者引流到独立站上,待消费者下单后,由供应商直接发货到消费者手中。这种模式相当于将商品的制造和物流等环节外包给其他人,独立站主要负责推广,一旦产生订单,就将订单和装运细节提交给供应商,由供应商将商品直接发送给终端消费者。

这种模式的优点是压力小、风险小,没有资金与库存压力,也不用提前囤货。但与此同时,这种模式对选品的要求比较高,需要卖家能找出那些有市场前景的高利润产品。

2. 铺货模式

铺货模式指的是在独立站中大批量地上传商品来进行运营的模式,这些商品多为日常生活用品。铺货模式主要通过 Facebook 等社交媒体进行广告投放，从而获得独立站的订单转化。如果独立站中商品的类别特别多，基本上就属于铺货模式。

铺货模式又可细分为爆品式和杂货铺式。爆品式是测试不同商品，然后针对高转化的商品加大投放预算从而打造爆品。而杂货铺式则是上架大量的不同类别商品来尽量满足消费者的需求。

铺货模式的复制难度不大，所以目前有很多大卖家会经常采用这种模式，但是这种模式的推广主要靠广告投放，所以广告投放的经验和数据积累非常重要。

3. 垂直品类模式

垂直品类模式是在某个行业或者细分市场深化运营的模式。一般从差异化定位和独特的品牌附加值入手，提供更加符合细分领域人群需求的特定类型产品，也就是精细化运营特定品类。

目前，有越来越多的卖家通过垂直品类直达细分人群，当产品的 SKU（Stock Keeping Unit，库存单位）变少之后，卖家可以更专注于某个领域，也越发专业，这样更容易加深目标消费者的信任，有利于品牌的传播。

需要注意的是，在这种模式下，特定的品类一定要直击目标客户群，利用广告投放来放大效果。所以主要的流量来源还是依赖于广告投放。目前不少垂直品类模式的卖家正在向 DTC 模式转型。

4. DTC 模式

DTC 是直接面向消费者的模式。卖家通过互联网和终端消费者直接联系，从而去中心化、平台化和去中间商差价。DTC 模式以消费者为直接导向，通过与消费者的连接反推供应链的发展。

DTC 模式有利于塑造品牌，完成多渠道的营销、引流和沉淀忠实消费者，从而以更低的成本获得稳定的流量，做的是长期可持续的生意。这种模式的选品非常重要，大众消费品类在这种模式下优势不明显，反而很多小众品类，类似于汽车配件和焊工工具等能通过这个模式成功逆袭，做到了小众出色。

除了上述的几种模式，还有其他的一些模式，如货到付款（Cash on Delivery，COD）和按需打印（Print on Demand，POD）等模式。COD 模式在东南亚、中东比较流行，相比我们常见的独立站转化率，COD 模式更注重的是消费者的签收率。POD 模式是一种按客户需求进行定制的模式，提供给消费者的是定制产品，如印有定制图案的水杯、有涂鸦的短袖、图腾摆饰等。在消费者下单之后进行生产的运营模式都可以称为 POD 模式。

在了解跨境电商独立站的运营模式后，卖家就可以结合自身情况选择最适合自己的运营模式。

2.3　Shopify 的发展历程及特点

Shopify 是全球领先的跨境电商 SaaS 服务提供商，为卖家提供搭建网店的技术和模板以及管理全渠道的营销、售卖、支付和物流等服务。目前，Shopify 服务商家总规模已经超越 eBay、Walmart 等老牌电商头部公司，成为仅次于 Amazon 的北美电商第二极。

1. Shopify 发展历程

Shopify 前身是一家二手滑板销售独立站，创始人从自身需求出发敏锐发现了电商 SaaS 服务行业的巨大需求从而创立了 Shopify。在 Shopify 产品投放和运营之初，它的定位是专门为中小型商家提供轻量级工具，帮助客户管理库存、订单，具有较高的性价比，从而逐渐占领市场。2009 年，Shopify 尝试平台化并不断扩大产品生态。2015 年上市后，Shopify 围绕核心电商业务，先后推出 Shopify Shipping、Shopify Capital、Shopify Chat、Shopify Email 等产品。目前，Shopify 的主要部门为 Core、Merchant Services、Ecosystem 和最新的 Shop 平台。同时，公司也开始向线下拓展进一步丰富自身的渠道能力。

Shopify 的发展可以分为以下阶段。

2004—2008 年：创业初期，从个人网店到电商建站工具。Shopify 的成立时间最早可追溯到 2004 年，最初是名为 Snowdevil 的一家二手滑板销售网站。2006 年，Lütke 和 Lake 在加拿大渥太华正式创立了 Shopify，开启了全球电商 SaaS 服务龙头的成长之路。

2009—2012 年：转型发展期，由电商建站工具转变为 SaaS 平台，使开设在线商店变得更加容易，并与最新技术保持同步。为顺应移动设备的兴起，满足客户对个性化定制和应用程序的需求。2009 年，Shopify 发布了自己的应用编程接口（API）和应用商店，实现了从工具向平台的转变。2010 年推出的 Shopify Mobile 应用程序，使商家在移动端就可以对自己网站的经营情况进行查看，并进行相关经营操作。2011 年，Shopify 发布 Shopify Experts，为商户提供专业的支持渠道。在平台化转型的过程中，Shopify 始终坚持以商户为核心的发展原则、与时俱进的发展理念，致力于保持软件、功能和策略的领先地位。

2013 年至今：快速扩展期，建立电商生态系统，不断拓展自身业务。2013 年，Shopify 发布 Shopify Payments，使商户不用开通第三方服务，便可直接接受信用卡付款；2014 年，Shopify 发布 Shopify Plus，进攻大客户市场；同年 5 月，于美国证券交易所上市；2016 年，Shopify 推出 Shopify Capital，通过平台为商户提供不断增长的运营资金；2017 年 1 月，Shopify 宣布与亚马逊整合，允许商家在 Shopify 网店中销售亚马逊的商品；2020 年，Shopify 推出新应用程序 Shop，进一步方便消费者购物，降低登录门槛。Shopify 将业务向线下拓展，将在线软件转变为创造一个全新的类别——多渠道平台，并逐步发展成为该领域市场的领导者。

当前，Shopify 围绕垂直领域电商生态，打造了从基础建站到后期运营的全面服务体系。Shopify 的主要业务为订阅解决方案和商家解决方案。其中，订阅解决方案是 Shopify 为电商提供的开设和设计店铺、市场营销及库存管理等电商 SaaS 服务，并且针对不同的客户提出了不同的方案。商家解决方案即电商增值服务，主要涵盖了物流（Shopify Shipping）、支付（Shopify Payment）、金融（Shopify Capital）、硬件（Shopify POS）等 4 个方面。

2. Shopify 的特点

相比于其他的跨境电商独立站工具和平台，Shopify 具有以下特点。

（1）专业精美的自适应 Shopify 模板。Shopify 官方提供大量的精美且专业的模板，而且全部支持移动端自适应，完美兼容各种移动设备。

Shopify 为卖家提供的精美而专业的模板主题，可以让卖家的独立站看起来更专业。而专业的模版可以让独立站得到更多的信任，以使访客留下来浏览更多的页面，从而获得更多的访问时长和更多的订单。

（2）功能齐全的 App 市场。Shopify 中的 App（插件）跟手机安装 App 类似。Shopify 店铺建立之后，只有基础的购物功能。如果要批量管理产品，批量管理订单，高级的邮件营销等功能，就需要安装各种 App。

功能齐全的 App 是 Shopify 最大的优点之一。它不仅可以让跨境电商卖家构建独立站商店并处理付款，还提供一些系列的工具，帮助卖家成功开展业务的其他重要方面，如 App 可以帮助卖家更高效的实现产品发布、产品库存管理、邮件营销、SNS 营销、再营销、高级分析报告、SEO 和订单管理等方面，Shopify App Store 里面有超过 1000 种不同应用供卖家选择，来实现提高独立站的处理效率以及自动化。

卖家可以在 App Store 里选择需要的 App，App 可以集成到 Shopify 中且可以即插即用。App 都有详细简单的教程来知道卖家设置，可以节省大量的时间和工作。同时 App 付费方式灵活，这些 App 基本都有 1～30 天不等的试用期，如果试用不满意，在试用期内卸载就不会扣费；收费方式基本上都是根据业务规模实行按月收费，如果不想使用，可以直接一键卸载，就不会产生费用。

（3）完善的服务支持。Shopify 为客户提供全年 365 天，全天 24 小时在线支持。可以随时通过电话，在线沟通或电子邮件与 Shopify 联系。可以及时得到 Shopify 的官方技术支持来解决问题。

（4）稳定安全的服务。Shopify 为跨境电商卖家提供了稳定安全的服务。Shopify 在全球部署了免费高速的 CDN，从而使得全球客户能快速访问 Shopify 独立站。Shopify 全站采用 SSL 安全协议，保证传输数据的安全性（任何套餐都可以免费具有该功能，不需要额外付费）。Shopify 的支付安全性已通过 PCI DSS 的认证，可以更好地保护交易信用卡持卡人的资料安全。Shopify 还完美的整合了 PayPal 支付。

（5）兼容多渠道销售。Shopify 独立站店铺建立后，产品上传好，配合相应的 App（部分渠道不需要额外的 App）及收款方式，卖家就可以在这些渠道平台开始销售，而不需要重复上传产品到这些平台上。这个功能非常强大，比如市面上说的"Facebook 全球开店"，其开店费用就要上万元，但如果卖家使用 Shopify，则直接在其后台开启 Facebook 销售渠道即可，这样就可以实现"Facebook 全球开店"，且完全免费。

可见，独立站模式由于其门槛低、价格便宜、灵活性高、扩展性强的特点更适合跨境电商新手卖家使用。而在构建独立站的各种工具和平台中，Shopify 作为领先者，具有成熟的生态和完善的功能，是比较合适的选择。

本 章 小 结

本章分析了实现跨境电商时独立站模式相对于平台模式的优势，并进一步梳理了独立站中跨境电商的运作模式，接着重点介绍了最流行的独立站工具——Shopify 的发展历程和特点。在后续的章节中将详细介绍在 Shopify 中如何构建和开展跨境电商独立站的各种设置和活动。

思 考 题

1. 全面比较跨境电商的主要实现模式的区别。
2. 分析跨境电商独立站成功的主要影响因素。

即 测 即 练

自学自测　　扫描此码

第3章 Shopify独立站的创建

3.1 Shopify独立站的创建流程

跨境电商中的独立站，是指具有独立域名、程序、服务器的跨境电商网站。它具有独立域名，卖家拥有该独立站的最高权限，不受第三方平台限制，并且交易佣金成本低，能将利益最大化。基于 Shopify 构建跨境网站的第一步是在 Shopify 上注册账户并创建独立站。在 Shopify 中将创建得到的独立站称为（在线）商店。

3.1.1 准备工作

在创建 Shopify 独立站前应该事先做好以下准备。

1. 安全的网络环境

需要确保网络的畅通和安全。

2. 正常的 IP 地址

注册 Shopify 独立站的时候要使用本机 IP，不要使用代理或者 VPN。同时，同一 IP 地址不要注册多个 Shopify 账号，这样的操作会有一定概率被封号。填写个人信息时要保证国家、地址、电话等信息的真实性，要和登录的 IP 地址匹配。

3. 工作正常的电子邮箱

Shopify 支持使用电子邮箱、Apple 账户、Facebook 及 Google 账户进行注册，对于普通用户（特别是国内用户），大多会使用电子邮箱。因此需要保证该邮箱工作正常，注册邮箱推荐使用 Gmail、Hotmail 等常见的邮箱，如果使用不常见的邮箱有可能会被封号或者收不到 Shopify 官方的邮件。注册邮箱很重要，后续的登录以及对商店的设置会使用到该注册邮箱。

做好准备工作之后，就可以开始注册并创建 Shopify 独立站，下面详细介绍其具体步骤和注意事项。

3.1.2 账号注册

首先在 Shopify 上注册账号。访问 Shopify 官网，其网址为 "https://www.shopify.com/"，首页如图 3-1 所示。

对于中文用户，也可以访问 Shopify 中文网站，其网址为 "https://www.shopify.com/zh"，首页如图 3-2 所示。

点击"开始免费试用"按钮，开始注册和创建。首先选择业务需求，如图 3-3 所示。

图 3-1　Shopify 英文网站首页

图 3-2　Shopify 中文网站首页

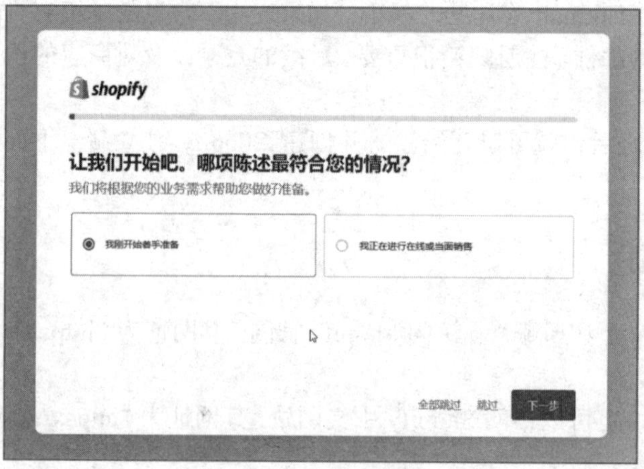

图 3-3　业务需求

对于新卖家，可以选择"我刚开始着手准备"。单击"下一步"选择销售形式，如图 3-4 所示。

图 3-4　销售形式

如希望建立 Shopify 独立站并基于其进行销售，则选择"在线商店"。接着选择供货方式，如图 3-5 所示。

图 3-5　供货方式

可以根据自己的 Shopify 独立站的运营模式来选择供货方式。接下来会选择营业地点，如图 3-6 所示。

图 3-6　地点

对于国内卖家，其中"国家/地区"项会由系统根据 IP 等信息自动设置为中国。注意：地址的选择，尤其是国家的选择，会直接关系到商店所支持的收款方式。由于收款设置和各国的政策和法律法规密切相关，因此，不同国家有不同的规则。如提交的地址是中国的地址，则在后台的信用卡收款选项里面找不到"Shopify Payment"选项。

可以根据自己的实际情况选择相应的选项完成信息的设置。如果对这些信息还不明确，也可以选择跳过或者直接下一步。

选择好地点之后，单击"下一步"将会创建 Shopify ID（也就是 Shopify 账户），如图 3-7 所示。

图 3-7　Shopify ID

用户可以使用电子邮箱、Apple 账户、Facebook 账户和 Google 账户来创建 Shopify ID。点击"继续使用电子邮件"，就可以选择使用电子邮箱进行注册，如图 3-8 所示。

图 3-8 电子邮箱信息

输入电子邮箱和密码就可以创建 Shopify ID，然后系统将会为该账户创建商店（也就是 Shopify 独立站），如网络较慢，请耐心等待。

创建完成后将进入该商店的后台管理页面，其效果如图 3-9 所示。

图 3-9 Shopify 独立站后台

如果创建后的商店后台显示为英文，想切换为中文，可以单击左上角的用户名，选择"Mange account"，如图 3-10 所示。

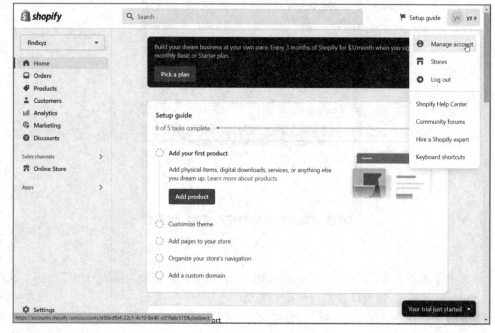

图 3-10 管理账户

将"Preferred language"中的语言设置为"中文"，如图 3-11 所示。

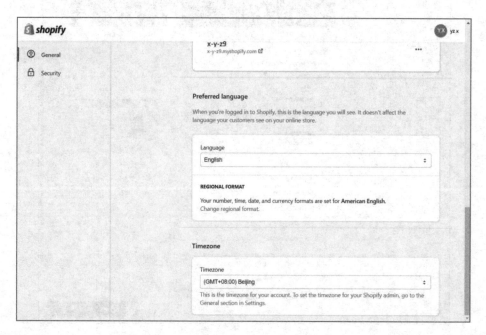

图 3-11 设置语言

此时，后台将以中文的形式显示，如图 3-12 所示。

图 3-12　中文后台页面

完成上述流程后，Shopify 官方将自动发送邮件到注册邮箱中，其内容如图 3-13 所示，其主要显示了注册的账户和商店信息。

图 3-13　账户信息

至此，完成 Shopify 独立站的注册和构建工作，新建了属于自己的商店。但是目前所注册的商店是试用，如果希望长期使用，则需要支付相应的费用。

第 3 章　Shopify 独立站的创建

3.1.3 套餐选择

为了能长期使用，需要支付相应的费用。进入后台管理页面，点击图 3-14 中的"选择套餐"按钮，可以根据需要为运营商店而支付相应的费用。

图 3-14　选择费用套餐

不同套餐可以使用 Shopify 的不同服务。Shopify 所提供的服务包括以下几个方面。
- 在线商店（Online Store）：也就是 Shopify 独立站。
- 无限的产品数量（Unlimited Products）：无论选择的哪种月租套餐方案，都没有 SKU 限制。
- 员工账户数量（Staff Account）：每一个 Shopify 账户使用的邮箱注册之后，被分配到的账户就是管理员账户，其拥有商店后台的所有编辑权限。管理员账户可以为 Shopify 账户添加有限制的员工账户，让其负责上传产品，处理订单等工作。
- 24/7 客户支持：Shopify 为卖家提供 7 天 24 小时的客户支持，其为英文客户提供在线咨询、电话、Email 等方式来帮助卖家解决问题。为中文客户提供 Email 和微信等方式来解决问题。
- 销售渠道（Sales Channel）：Shopify 可以把产品推送到 Facebook、Google、Amazon 等多个销售渠道上进行销售。
- 手动订单（Manual Order）：支持由卖家手动帮客户完成下单的流程，当订单比较复杂，客户购买的产品很多很杂或者是定制类的产品时，卖家就可以直接在网站后台帮客户完成下单流程。
- 折扣码功能：为商店提供折扣码功能。

- 免费 SSL 证书：用于保证网络数据传输的安全。使用 Shopify 的服务，无须购买 SSL 证书，当把域名绑定在 Shopify 之后，Shopify 会自动将 SSL 证书分配给绑定的域名。
- 遗弃订单挽救功能：当客户把产品加入购物车但未最终购买时，Shopify 可以在设置好的时间自动给该客户发邮件，提醒客户完成订单付款，以此来进一步提高网站的转化率。
- 礼品卡功能：类似国内节假日时公司发的礼品购物卡。该卡里有额度，可以在商店中进行消费。
- 专业网站数据报告和高级数据定制功能：在$20月租套餐所提供的数据报告的基础上，增加了更多数据选项，帮助卖家了解网站的运营状态，也支持使用 Google Analytics 等工具来分析商店数据。
- 在付款页面显示第三方运费功能：如果选择$299月租套餐，就可帮助卖家把 Shopify 和 USPS、UPS 和 DHL 等系统对接起来，从而在结账页面显示客户当前订单所需要支付的运费。而$20和$49月租套餐无法对接这些系统，只能使用 Shopify 后台的运费核算系统帮助客户计算运费。
- 订单欺诈分析：Shopify 对每一笔订单都会进行风险控制，Shopify 会主动对检测有风险的订单进行标记，以引起卖家对这订单的关注。
- 线上信用卡费率：如果在美国或中国香港，可以使用 Shopify Payment 作为信用卡收款方式，此时如果客户使用信用卡进行付款，需要根据不同月租套餐的规则支付相对应的信用卡收款费用。
- 线下信用卡费率：如果客户在线下面对面使用信用卡付费，可以使用 Shopify 的 POS 系统收费，此时需要支付相应的信用卡收款费用。
- 第三方收款通道：除了 Shopify Payment 外，还可以使用第三方的收款方式，此时需要向 Shopify 支付一定的交易手续费，不同月租方案所需要交易额缴纳的交易手续不同。

所有的套餐都能使用 Shopify 提供的基本服务，其具体的服务内容如图 3-15 所示。

基础、SHOPIFY 和高级计划包括：		
• 在线商店	• 销售渠道 在社交媒体和在线市场进行销售。供货情况因国家/地区而异。	• Shopify POS Lite 在快闪店、卖场、展销会等场所接受当面临时付款。
• 产品数量不受限制		
• 全天候支持	• 快速且可靠的结账	• Shopify POS Pro 的价格为每个地点 $89 USD/月 使用专为全渠道销售而构建的强大工具来经营实体企业。
• 弃购恢复	• 免费 SSL 证书	
• 应用生态系统包含 4,100 多个应用	• 您在线商店可使用 100 多种货币	• 手动创建订单
• 打印发货标签	• 折扣码	• 礼品卡

图 3-15 基本服务内容

但是，三档套餐在费用和扩展功能上有区别。其对比如表 3-1 所示。

第 3 章 Shopify 独立站的创建

表 3-1　Shopify 套餐对比

套餐	Basic Shopify	Shopify	Advanced Shopify
月租费用	$20/月	$49/月	$299/月
在线商店	Yes	Yes	Yes
可以上传的产品数量	无限	无限	无限
员工账号数量	2	5	15
24/7 客服支持	Yes	Yes	Yes
各个销售渠道	Yes	Yes	Yes
手动创建订单	Yes	Yes	Yes
折扣码设置	Yes	Yes	Yes
免费网站 SSL 证书	Yes	Yes	Yes
遗弃订单挽救	Yes	Yes	Yes
礼品卡	—	Yes	Yes
专业数据报告	—	Yes	Yes
高级数据报告定制	—	—	Yes
第三方运费功能	—	—	Yes

由上表可以看出：

- Basic Shopify 套餐：是基础套餐，月租费为$20，可以创建和自定义在线商店来展示产品。并可以通过商店后台管理所有的产品、订单和客户信息。还可以访问除财务报告外的其他报告，从而做好商店的运营。这个套餐价格最低，适合初创公司或者个人小卖家，可以使用该套餐低成本的快速开始业务。
- Shopify 套餐：月租费为$49，其功能要比 Basic Shopify 套餐多，除了包含基础套餐的所有功能，还有内置的专业报告，能更好地了解用户和商店的交互行为。其交易手续费为 1.0%，比基础套餐低。该套餐适合希望通过废弃购物车恢复来获得订单，或者希望看到更加详细专业报告的用户。对于每月销售额超过 $5000 的中小型商店更适合，其交易费用会较低。
- Advanced Shopify 套餐：Shopify 最贵的套餐，月租费用$299，该套餐包含 Shopify 套餐的所有功能，而且信用卡手续费和交易费也是最低的，还有自定义报告功能。较适合商店月收入较高，并且希望以第三方而非 Shopify 计算运费，以及想获得高级报表功能的客户。

说明：有时 Shopify 会对套餐的价格进行调整，或者设置一些特别的优惠（如前 3 个月特惠$1/月）。

可以根据自己的需求选择相应的套餐并支付费用。选择某种套餐（如$20 月租套餐）之后，会出现费用支付页面，在该页面中可以选择具体的账单周期和支付方式。

其中，账单周期可以选择按月、按年等方式进行支付，并可以随时取消，其页面如图 3-16 所示。

图 3-16　账单周期

建议：商店刚启动的时候选择按月支付，随着业务的不断开展，可以根据业务的规模灵活调整套餐，当业务稳定时，再选择较长的账单周期。

选择账单周期之后，还需要选择如图 3-17 所示的支付方式。

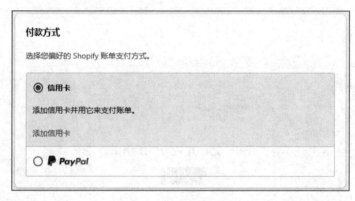

图 3-17　支付方式

Shopify 提供了两种支付方式。
- 信用卡方式：需要带有 VISA、MasterCard 等标志的支持美元扣款的本人信用卡。如果使用他人的信用卡，或者信用卡的发卡信息和付款时的 IP 地址存在较大差异，有可能被 Shopify 检测为异常而被拒绝。
- PayPal 方式：需要使用 PayPal 的账号和密码登录，使用与 PayPal 绑定的借记卡或者信用卡进行支付。

付款选项还可以在商店后台"设置"中的"账单"中进行设置。

至此，基于 Shopify 完成了商店的注册和构建，该商店有自己独立的域名，卖家拥有该商店的所有权限，可以根据自己的需要进行设置，是一个独立的跨境电商网站。

接下来，将分析新建的 Shopify 独立站的基本结构，对其有一个总体的认识。

3.2　Shopify 独立站的基本结构

注册好账号，创建了商店（也就是 Shopify 独立站）之后，Shopify 默认会提供两个关于该商店的入口。

- 商店访问入口（前台）：注册时设置的商店 URL 是客户访问商店的入口。客户可以在商店中浏览、选择、购买所需商品。还可以对商品进行评价等活动。
- 商店管理入口（后台）：商店 URL/admin 是管理商店的入口。卖家通过该入口登录后就可以完成添加产品、进行设置、使用模板或者添加插件等工作，对商店进行全方位的管理。

这里的商店访问入口直接展示给客户，是 Shopify 独立站的前台。商店管理入口则是用于对商店进行管理，不会直接展示给客户，因此是 Shopify 独立站的后台。于是，Shopify 独立站的基本结构可以分为前台和后台两个部分。

3.2.1　Shopify 独立站前台

通过商店访问入口，可以直接访问到 Shopify 独立站前台。其初始效果如图 3-18 所示。

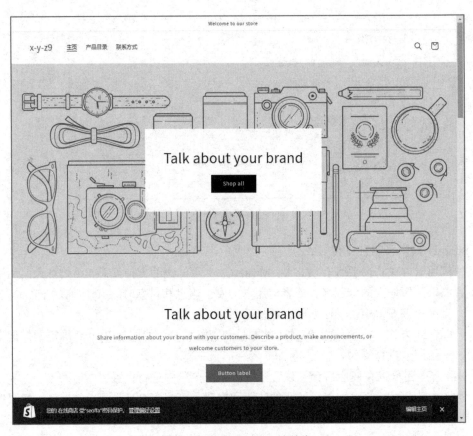

图 3-18　Shopify 独立站前台

当前所看到的前台效果是新建商店之后的初始效果，里面暂时还没有产品信息，于是显示如图 3-19 所示，后续将产品上架之后就会在页面上显示相应的产品信息供客户浏览和选购。

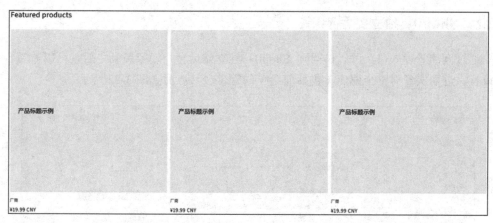

图 3-19　产品显示

注意观察前台页面下方的提示，其内容如图 3-20 所示。

图 3-20　密码保护

对于试用期间的商店，Shopify 系统默认以将其设置为启用密码的方式，来限制他人对商店的访问，上图中显示当前的密码为"seoffa"。启用密码后，商店仅向拥有密码的客户开放。商店在试用期无法取消密码，但是可以单击"管理偏好设置"跳转到后台相应页面对访问密码进行修改，如图 3-21 所示。选择套餐并支付相应费用之后就可以取消密码。

图 3-21　密码保护设置

客户访问商店看到的是前台页面，但是其中的信息需要通过后台设置完成，因此，建立和运行 Shopify 独立站的重点是对后台进行设置，下面对后台进行介绍。

3.2.2 Shopify 独立站后台

通过商店管理入口，可以访问到 Shopify 独立站后台，卖家登录之后就可以对后台进行设置，进而实现对整个商店（包括前台）的管理。其界面如图 3-22 所示。

图 3-22　Shopify 独立站后台

后台页面由顶部区域和设置选项构成。

1. 顶部区域

页面顶部区域由三部分构成，如图 3-23 所示。

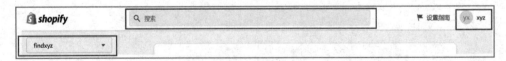

图 3-23　顶部菜单栏

其中，左侧部分实现 Shopify 商店切换。如果使用一个账户注册了多个商店，那么，网站后台左上角的 Logo 位置就会出现下拉菜单选项，可以在这里直接点击想要切换的商店名称，一键切换到其他商店后台，方便查看和管理多个商店。

中间部分为搜索框。其搜索功能比较全面，搜索范围覆盖面包括商店自己的后台数据、Shopify 帮助中心的内容、Shopify 应用市场和主题市场的内容等。因此，在进行设置时，可以通过该搜索框来直接搜索 Shopify 独立站里面的产品，或者搜索关键词直接找到相关的设置位置。例如，找不到在哪里设置 PayPal 收款账户，直接搜索 PayPal 即可找到答案，效果如图 3-24 所示。

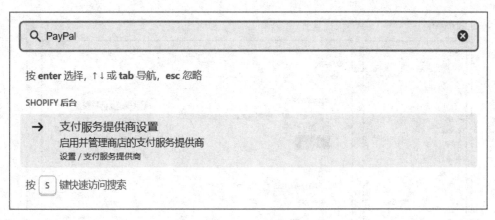

图 3-24 搜索效果

右侧部分实现账户操作。单击右上角的账户名,在下拉选项中可以看到账户管理操作,如图 3-25 所示。

在账户操作中,可以实现以下功能。

- 管理账户:打开账户的管理页面,可以对账户进行常规信息设置和修改,如账户的姓名以及登录后看到的网站语言,还可以进行安全性设置和修改,如登录邮箱和密码都可以在其中进行修改。
- 商店:进入商店(Shopify 前台)。
- 登出:退出当前账户的登录。
- Shopify 帮助中心:跳转至 Shopify 帮助中心,里面有 Shopify 官方的帮助文档,以及 Shopify 的客服中心。
- 社区论坛:将跳转至 Shopify 的官方论坛,可以和来自全球的 Shopify 商家在线沟通交流。
- 聘请 Shopify 专家:寻找 Shopify 官方认证的专家帮助解决问题。
- 键盘快捷键:可以设置后台的快捷键操作。该页面详细罗列了 Shopify 后台各个页面的键盘快捷键,合理的设置快捷键,可以极大地提高工作效率。

图 3-25 账户管理

2. 设置选项

设置选项分为两部分,如图 3-26 所示。其中,左侧部分列出后台设置的主要功能模块,可以选择具体的功能模块,而右侧部分显示了选中的功能模块下的具体设置项目。

后台中包含多个功能模块,实现对商店的全面而灵活的管理。

1)主页

登录后台后,首先看到的就是主页。主页可以显示日常任务、商店的最近活动以及开发业务可采取的后续步骤等内容信息。这些信息组织成信息块,以卡片的形式显示并且定期更新。主页根据商店最近的活动和在 Shopify 中执行的操作来显示卡片。

新建商店的默认主页内容如图 3-27 所示。

第 3 章 Shopify 独立站的创建

跨境电商实训教程

图 3-26　设置选项

图 3-27　新建商店默认主页

可以看出，在主页功能模块中，可以为商店添加产品、自定义商店模板、添加页面、整理导航以及添加域名等。

上图是新建商店的主页信息,随着业务的进展,主页的内容也会发生变化,还可以显示以下信息。

- 今日商店活动:显示商店最近的访客活动。根据商店的当地时区记录下今日订单数、今日访问量以及当前实时访客数(显示过去 5 分钟内商店中活跃的访客数量)。
- 指标:主页指标部分显示整体业务的销售摘要,以及活动销售渠道的特定销售和参与度数据。可以通过选择下拉菜单中的今天、昨天、本周和本月查看不同销售渠道的销售数据。
- 活动源:会显示账户上的活动概述。还可以进一步查看最近的所有活动以查看账户上时间更长的最近活动源。
- 通知:Shopify 主页会根据账户的状态、业务增长情况和最近的客户活动显示有关 Shopify 业务的通知。通知可让卖家轻松查看需要采取的后续步骤,例如入账付款、将订单标记为已发货或归档已完成的订单。

2)订单

订单是商店经营业务的一个重要部分。客户下单之后,订单将显示在后台的订单模块中。还可以在后台的订单模块中手动创建订单。

订单模块如图 3-28 所示。该模块实现商店订单的管理,包含以下功能。

图 3-28　订单模块

- 订单:将商店的所有订单都是显示出来。
- 草稿:是后台创建订单功能,可以接收通过电话达成的订单,并在这里直接帮客户创建订单,然后通过电子邮件将发票发送给客户,最后收取款项。

- 弃单：所有已经到达付款页面但是最终没有完成付款的订单都会出现在这里。可以通过遗弃订单来了解客户将商品放入购物车但不结账的情况，还可以进一步通过电子邮件向客户发送其购物车的链接。

3）产品

产品是在商店中销售的实物商品、数字商品和礼品卡。可以通过在后台产品模块中输入产品详细信息并上传产品图片来为商店添加产品。如产品具有尺寸或颜色等选项，则可以为每个选项组合添加多属性。添加或更新产品时，可以在一个或多个销售渠道上提供此产品，产品模块如图3-29所示。

图3-29　产品模块

该模块包含以下功能。
- 产品：可以添加或更新产品的相关信息，例如价格、多属性和供货情况。
- 库存：对产品启用库存跟踪时，可以在此处查看和调整其库存计数。
- 转移：跟踪和接收来自供应商以及营业地点的传入库存量。
- 产品系列：通过将产品分组到产品系列中，能更轻松地按类别进行产品查找，从而实现产品分类管理。
- 礼品卡：实现礼品卡管理，可以将礼品卡作为产品出售，也可以将其直接发送给客户。

库存和转移构成Shopify独立站的库存管理系统，分别管理了Shopify独立站的入库数据和当前库存数据。

4）客户

与客户互动是商店经营业务的重要环节。当客户在商店中创建账户后，可以将自己的地址信息添加到账户中，从而使这些信息在结账时自动填充。此外，客户还可以在商店中查看他们的订单历史记录，并查看任何所购商品的当前订单状态。

后台的客户模块查看所有客户并管理客户信息。客户模块如图 3-30 所示，其完成客户数据管理。商店中所有的订阅客户，以及在商店上下单的客户数据都会显示在该模块中。

在该模块中可以手动添加客户。以及批量导入客户，如已有客户信息，则可以将其输入到客户 CSV 文件中，然后在后台中导入该 CSV 文件。

5）分析

在分析模块中，可以查看商店最近的活动，了解访客，分析商店速度以及交易情况。分析模块如图 3-31 所示。

图 3-30　客户模块

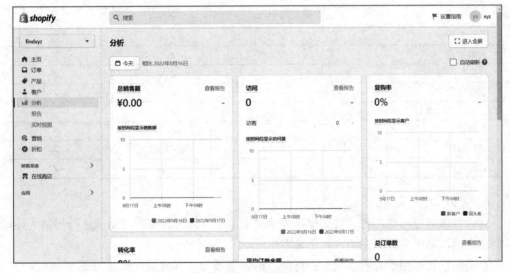

图 3-31　分析模块

第 3 章　Shopify 独立站的创建

对于试用期的商店可以访问数据概览、关键财务报告以及实时视图。

分析模块包含以下功能。

- 控制面板：显示主要销售、订单和在线商店访客数据的概览。可以直观地看到所有销售渠道和任何日期范围内商店的业绩。可以显示客单价、在线商店订单转化率、在线商店访客数（按照设备类型计算）、在线商店访客数（按照国家地区计算）、在线商店访客数（按照流量来源渠道计算）、来自社交来源的网站流量、回头客率、按 POS 地点显示销售额、销售额（按照社交渠道计算）、按员工显示销售额、销售额（按流量推荐来源）、热门登录页面、热销产品（按照销售单位计算）、热门访客渠道（按照访客数计算）、在线商店总流量、总订单数、总销售额和营销活动带来的销售额等数据。可以基于这些数据进行分析和挖掘，从而更好地对运营进行调整。
- 报告：给出更加深入的网站数据分析。Shopify 根据显示的信息类型将报告分为多个类别。按照商店的选择的套餐，不同套餐访问不同类别的报告，其区别见表 3-2。
- 实时视图：提供商店活动的实时视图。实时视图包含世界地图（二维）和地球仪（三维），可显示商店活动的来源以及一些关键指标，让商家了解当前正在发生的事情。可以使用实时视图来监测商店上的活动以及所有渠道中的销售情况。此功能在流量高峰期间尤为有用（例如"黑色星期五"和"双十一"），当商家想查看近期营销活动、折扣或其他促销活动的即时结果时，也可以使用此功能。

表 3-2 不同套餐访问报告对比

套餐分析功能	Basic Shopify	Shopify	Advanced Shopify
数据概览	✓	✓	✓
财务报告（包括税费和付款）	✓	✓	✓
产品分析	✓	✓	✓
实时视图	✓	✓	✓
客流量报告	✓	✓	✓
库存报告	✓ (5/7)	✓	✓
行为报告	✓ (5/6)	✓	✓
营销报告	✓ (1/5)	✓	✓
"订单"报告	–	✓	✓
销售报告	–	✓	✓
零售销售额报告	–	✓	✓
利润报告	–	✓	✓
客户报告	–	✓ (5/7)	✓
自定义报告	–	–	✓

6）营销

商店可以通过付费广告和社交媒体等营销渠道在特定时段推广产品或进行促销。还可以创建营销自动化来持续将访客转化为客户。

营销模块可以创建并管理用于进行推广的营销活动。其效果如图 3-32 所示。

营销模块主要包括以下功能。

- 概述：显示商店的营销情况总体情况。
- 营销活动：是定义的营销行为组，其包括一个或多个营销行为，例如，内容营销或广告。营销活动通常在设定的时间范围内发布这些活动，因此通常针对的是特定的推广，例如，可以投放 Facebook 广告来宣传产品的促销，或者在社交媒体平台上发表文章，让关注者了解新产品。创建营销活动时，可以选择将它保存为草稿并在准备好后才发布，这样可以提前为营销活动做好准备。对于重要活动（例如黑色星期五），可以将营销活动组合在一起进行，从而实现特定的营销目标。
- 营销自动化：适合于不断发展客户群和提高商店销售额。可以利用营销自动化来获取新的商店访客、改善商店转换并向现有商店访客投放市场营销。例如，可以运行 Google 智能购物活动，在 Google 搜索中展示产品，或者设置弃单恢复电子邮件，自动提醒客户返回商店并完成订单。

图 3-32　营销模块

营销活动和自动化可以帮助商家以不同的方式发展客户群，也可以考虑在整体营销策略中同时使用这两种方式。

7）折扣

提供折扣是商店运营中的强力营销策略。折扣模块可以创建和管理折扣，折扣模块如图 3-33 所示。

在该模块中，可以使用折扣码和自动折扣两种形式。

- 折扣码：针对特定的客户群体使用独特的折扣码，可以与顾客建立亲密、个性化的品牌体验，同时也会释放出真正了解客户和目标市场的信号。
- 自动折扣：设置折扣规则，客户的购买满足规则时自动生效。自动折扣可以创建百分比、固定金额、买 X 送 Y、批发价格等方式，但只能创建一种规则。客户如果想要折扣生效，就必须在结账之前添加符合规则的产品到购物车里，如最少起购量、满减最低金额、特定的产品或者产品变量。

图 3-33　折扣模块

8）销售渠道

销售渠道是 Shopify 非常重要的功能之一，商店其实只是 Shopify 独立站的销售渠道之一（是最主要的销售渠道），此外，还可以在后台的销售渠道模块中添加 POS、Buy Button、Google 和 Facebook 等销售渠道来推广商品。其中商店是 Shopify 独立站销售的主渠道，其他的销售渠道代表不同的销售市场。可以通过后台跟踪所有渠道的订单情况，产品出售情况以及客户反馈等情况。新建商店后，能在后台中添加的销售渠道如图 3-34 所示。

图 3-34　销售渠道

Shopify 给出一些推荐的销售渠道，如图 3-35 所示。

这里推荐的销售渠道主要包括以下几个。

- 在线商店（Online store）：主要的销售渠道。
- Point of sale（POS）：线下实体店，Shopify 特制的 POS 机使得线下付款更为便捷。
- Google 渠道：将商店相关信息以及商品与 Google Merchant Center 同步，即可在后台管理谷歌的商品。

- Tiktok：将商店相关信息以及商品与 Tiktok 同步，从而进行管理。
- Shopify Inbox：创建一个邮箱用于和商家的所有在线客户交互。通过 Shopify Inbox，可以管理客户对话、自定义商店中的交互外观、创建自动回复以及从 Shopify 后台查看对话分析。
- Amazon by CedCommerce：为亚马逊提供了一个销售渠道，使 Shopify 商家更容易在与亚马逊同步相关信息。
- Buy button channel：在现有的网站或者博客（包括 WordPress 和 Squarespace）中嵌入 Buy button 按钮，客户点击后便可使用 Shopify 结算系统。

图 3-35　推荐销售渠道

9）在线商店

在线商店是开展业务的基础，可以通过在线商店模块对商店前台进行设置，这些设置将影响前台的展现效果。在线商店模块如图 3-36 所示。（提示：需要使用 Basic Shopify 或更高级的套餐才能通过在线商店进行销售）

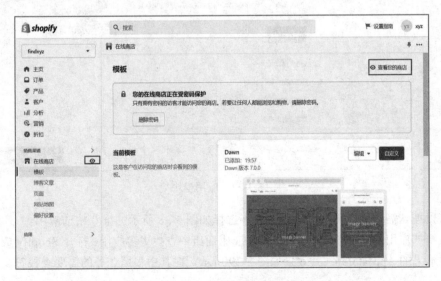

图 3-36　在线商店模块

在该模块中点击"眼睛"样式的按钮可以直接查看在线商店的前台效果。

在线商店模块包括以下内容。

- 模板：管理主题模板，可以在这里安装、编辑和管理 Shopify 的主题模板，从而对商店的外观利用主题进行整体修改和管理。
- 博客文章：可以使用 Shopify 系统内置的博客系统来发布博文。
- 页面：实现商店的页面管理。如"关于我们""联系我们"等页面都需要在页面项中进行创建、编辑和管理。
- 网站地图：实现商店的菜单和筛选器管理。
- 偏好设置：包括设置标题和元描述来确定商店在搜索引擎上的显示方式，设置社交分享图片，设置密码保护和域名重定向等功能。

10）应用

Shopify 中的应用相当于 App 或者插件，可帮助商家建立业务、与外部服务集成以及为后台添加功能。这些应用可以从 Shopify 后台随时安装、随时卸载，使用快捷方便。

Shopify 独立站日常运营基本上离不开 Shopify 应用，利用 Shopify 构建独立站的优势之一就是 Shopify 所提供的丰富应用。应用模块如图 3-37 所示。

图 3-37　应用模块

可以搜索需要的应用，也可以查看和选择如图 3-38 所示的推荐精选应用。

在精选应用的底部还可以在 Shopify 应用商店中查找更多应用，打开 Shopify 应用商店（类似苹果的 App store），其效果如图 3-39 所示。在其中根据业务的需要查找符合要求的应用。

图 3-38 推荐应用

图 3-39 Shopify 应用商店

11)设置

设置模块提供对商店的综合性的基础设置,界面如图 3-40 所示。

第 3 章 Shopify 独立站的创建

图 3-40　设置模块

设置模块主要包括以下内容。

- 商店详细信息：以卡片的形式显示商店名称、地址和联系信息等内容，点击卡片右上角"编辑"按钮还可以进行修改。除此之外，还可以管理货币单位、时区和设置订单号数据规则。
- 套餐：选择商店的月租套餐。
- 账单：管理付款和支付账单的方式，显示费用信息。
- 用户和权限：用户包括店主和员工，在该项中可以添加用户（如员工）并设置其权限。
- 收款：为了接收客户的付款，可以在收款项目中创建一个第三方支付服务提供商的账户（如 PayPal 或者信用卡），并将其绑定到商店上。
- 结账：设置客户结账的方式。
- 发货和配送：设置结账时的配送方式，设置运费或者目的地限制以及管理包裹、装箱单和承运商。
- 税费和关税：管理税区以及税收和费用计算方式。
- 地点：管理存放库存的位置，基于该地点发货订单并销售产品。
- 礼品卡：配合营销对礼品卡进行管理。
- 市场：管理销售市场。
- 应用和销售渠道：管理商店的销售渠道，可以为商店添加新的销售渠道，以实现通过社交网络和当面销售方式，向在线和使用移动应用的新客户销售产品。
- 域名：显示商店的当前域名状况，还可购买新域名、更改主域名。
- 品牌：管理 Logo、颜色、封面图片等与品牌相关的信息。

- 通知：管理 Shopify 系统的通知邮件模板，可以编辑修改 Shopify 默认的系统通知邮件。
- Metafields（元字段）：用于保存后台中的自定义信息，能够自定义商店的功能和外观。可以使用元字段进行内部跟踪，或在商店中显示自定义信息。
- 文件：是 Shopify 提供的一个免费的云存储服务，空间没有限制，文件格式也没有限制，但是单个文件大小有要求。
- 语言：设置商店展现给客户的默认语言，以及登录 Shopify 后商家看到的语言。
- 政策：设置生成商店的服务条款、隐私条款、退款政策和物流政策。

总体上，Shopify 提供了完整的功能模块让商家能够对商店的前台和后台进行全面设置，并且商家具有对商店的全部权限，具有很高的独立性。

说明：Shopify 系统在不断更新，因此进行后台操作设置的时候，上面的展示可能和实际操作页面有所不同，但是其基本功能是类似的。可以根据功能直接在菜单栏中搜索，就可以定位到相应的设置，从而进行功能设置。

本 章 小 结

本章详细讲解了 Shopify 独立站的创建过程，并对新建的 Shopify 独立站（商店）的基本结构进行了分析，从前台和后台两个方面分模块进行了介绍。但是要让 Shopify 独立站能够运作起来，还需要进一步设置。

思 考 题

1. 分析 Shopify 后台中主页模块的作用。
2. 简述 Shopify 后台中主页可以显示的信息。

即 测 即 练

自学自测　扫描此码

第4章 Shopify独立站的基本设置

在上一章中,我们注册了 Shopify 独立站,其提供了前台供客户访问并浏览和选购,同时在后台中提供了管理界面供商店管理员对 Shopify 独立站进行各种管理。

初始状态下,访问看到商城前台显示的是默认模板的外观,如图 4-1 所示。也缺少产品的信息,无法实现购物,因此需要对该 Shopify 独立站进行设置,从而构建出基本的商店。

图 4-1 初始效果

对于新建立的 Shopify 独立站,系统提供了设置指南来引导我们对其进行基础的设置,如图 4-2 所示。

图 4-2 设置指南

设置指南中的设置包括：添加产品、自定义模板、整理导航（也就是网站地图）、添加页面和添加自定义域名。我们可以按照设置指南一步一步进行设置。设置指南是对 Shopify 独立站新手提供的设置向导，其每一步操作都对应 Shopify 独立站后台设置中的项目。

- "添加产品"对应"产品"。
- "自定义模板"对应"在线商店"下的"模板"。
- "添加页面"对应"在线商店"下的"页面"。
- "整理导航"对应"在线商店"下的"网站地图"。
- "添加域名"对应"设置"中的"域名"。

本章介绍如何添加产品、使用模板及设置域名。添加页面和整理导航将在第 6 章中进行介绍。

4.1 添加产品

对产品的管理在 Shopify 后台中的产品项中完成，如图 4-3 所示。

图 4-3　产品管理

4.1.1 设置产品基础信息

单击"添加产品"按钮，为商店添加产品，出现的设置界面如图 4-4 所示。

在该界面中，可以添加产品的相关信息，如标题、基本描述、价格、库存、发货、选项、搜索引擎优化等。

（1）标题：要向客户显示的产品名称。

（2）基本描述：对产品的详细描述，以使潜在客户充分了解产品并促进其购买。此区域使用富文本编辑器，因此，可以设置文本的格式以及插入多媒体信息。

使用图片、3D 模型和视频等形式，向客户展示产品的外观。这些确定了产品的基本内容，如图 4-5 所示。

图 4-4　添加产品

图 4-5　产品内容

（3）价格：设置产品的价格，其设置界面如图 4-6 所示。可以在 Shopify 后台设置的商店详细信息中修改商店货币，如图 4-7 所示。

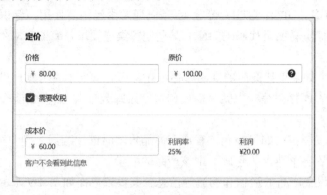

图 4-6　定价

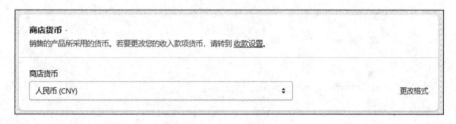

图 4-7　商店货币

- 价格：是产品的实际销售价格。
- 原价：可以通过设置表现折扣以促进用户购买。
- 成本价：产品的成本，用于商城核算，客户不会看到。系统会根据成本价和价格自动计算出产品的利润和利润率。
- 如果产品应纳税，则勾选需要收税。

（4）库存：设置产品的库存信息，其设置界面如图 4-8 所示。

图 4-8　库存

- SKU（货号）：用于识别业务内产品的代码。为了获得有效的跟踪和销售报告，每个 SKU 必须是唯一的。
- 条码（ISBN、UPC、GTIN 等等）：条码通常由经销商使用。标识符需要是新的或现有的全球贸易项目代码(GTIN)。某些销售渠道要求具有 GTIN 才能通过此渠道发布产品
- 跟踪数量：如果想让商店的准确库存可在客户尝试下单时为其提供帮助就需要先为该产品设置库存跟踪，也就是需要勾选"跟踪数量"，然后才能查看或调整产品的库存水平
- 缺货后继续销售：如果想允许客户在商品售罄时继续购买，则勾选该选项。
- 数量：设置各个地点（仓库）中该产品的数量。

（5）发货：设置产品的运输和物流等信息，其设置界面如图 4-9 所示。

图 4-9　发货

- 需要运输：此设置表明产品是否需要发货。对于数字产品、服务或者永远不会发货的产品，取消选择此设置。
- 重量：产品的实际重量。选中需要运输时才会显示此字段。产品重量必须是准确的，因为它将用于计算运费。
- 原产地：生产或组装产品的国家/地区。如果产品包含来自不同国家或地区的材料，那么，负责使产品基本成形的国家或地区即为原产地。不同国家或地区以及国际条约对原产地规则有着不同的定义。
- HS 代码：如果想进行国际货运，请输入商品名称及编码协调制度（HS）关税代码。这些代码可以为海关提供信息，使正确的关税能够被应用于订单。可以通过使用产品详细信息页面上 HS 代码字段中的关键词进行搜索来查找产品的 HS 代码。还可

以通过世界海关组织了解 HS 代码的详细信息。

（6）选项：有些产品是具有多种不同属性的，对于具有多属性的产品，勾选"选项"后就可以为产品添加不同属性。

默认有尺寸、颜色、材料、样式 4 个选项。可以为带有多个选项的产品添加多属性，例如，尺寸或颜色。一个产品的每种选项组合都是此产品的一个多属性。

假设销售的 T 恤有两个选项为颜色和尺寸，颜色选项有两个值为白色和黑色。尺寸选项有三个值为大号、中号和小号。那么这些选项的一个特定多属性是白色大号 T 恤，如图 4-10 所示。

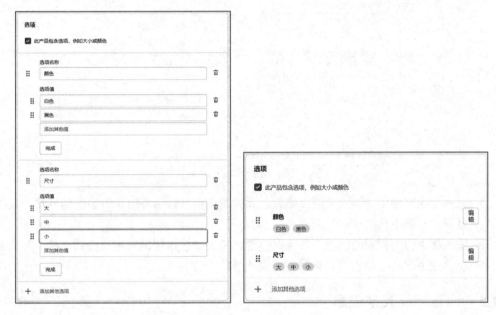

图 4-10　选项

设置了选项后，会出现"多属性"界面，根据选项自动生成了多属性的组合，还可以进一步对多属性进行编辑，如图 4-11 所示。

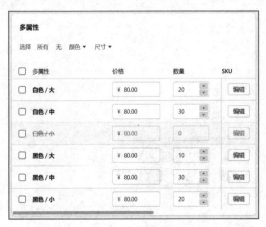

图 4-11　多属性

（7）搜索引擎优化：添加产品的标题和标签描述进行搜索引擎优化（SEO）。可以使用搜索引擎优化来提升商店的搜索引擎排名，从而帮助客户找到该产品，如图4-12所示。

图 4-12　SEO

- 页面标题字段中，输入描述性标题。此标题将在搜索引擎结果中显示为链接。最多可以在标题中输入55个字符。
- 输入搜索引擎列表的描述。要确保包含相关关键字以帮助新客户找到链接，并确保包含业务名称。最多可以在描述中输入320个字符。

4.1.2　设置产品其他信息

在设置页面的右侧，还有一些选项可以进行设置，如图4-13所示。

图 4-13　产品设置

右侧的设置主要包括以下内容。

（1）产品状态：如果是草稿，则产品添加后不会在商店中显示；如果是活跃，则该产品会在销售渠道（如在线商店）中显示。同时可以指定该产品的上架日期，如图4-14所示。

图4-14　产品状态

（2）产品整理：为产品设置类型、厂商、系列以及标签，从而更好地对产品进行管理。其中类型用于标记产品并对其进行分类，可以是标准化产品类型和自定义产品类型，如图4-15所示。

图4-15　产品整理

产品系列和标签能帮助我们更好地组织产品。

（3）在线商店的模板样式：选择当前商店模板中的产品模板，商店中的产品将以该模板方式来进行显示，如图4-16所示。

图4-16　产品模板

至此，完成了产品的设置，单击"保存"，显示该产品已添加，如图4-17所示。

图4-17　产品的设置

4.1.3　浏览产品添加效果

点击预览，可以预览该产品的浏览效果，如图4-18所示。

图4-18　产品预览效果

我们所设置的标题、描述、媒体、选项、价格都在该产品的浏览界面中显示出来。观察图 4-11，由于在多属性设置中我们将白色小号项删除，因此，在浏览界面中就无法选购该组合的产品，如图 4-19 所示。

图 4-19　无法购买效果

至此，添加产品完成。

4.2　模板的使用和设置

单击"自定义商店模板"，可以通过对商店模板的自定义来设计在线商店的外观和风格，其设置界面如图 4-20 所示。

在图 4-20 中，当前的商店使用的是 Dawn 模板，这是新建商店时，系统默认使用的模板，可以对其进行"编辑"及"自定义"。同时，我们还可以为在线商店使用不同的模板来改变其外观。

4.2.1　Shopify 模板

Shopify 中的模板决定了在线商店的组织方式、功能和样式。不同模板的样式和布局有所不同，并可为客户提供不同的体验。如果销售的是按摩保健类产品，就希望在线商店给人一种放松和奢华的感觉。如果销售的是电子产品，那么可能希望在线商店外观时尚且充满活力。

Shopify 模板提供以下附加功能。
- 每个页面上的分区：自定义在线商店大多数页面上的内容。添加、重新排列或删除分区和块，以创建独特的页面布局。
- 增强的应用支持：安装或更改应用，而无须修改任何代码。使用应用块和应用嵌入可在模板中的任意位置添加应用功能。

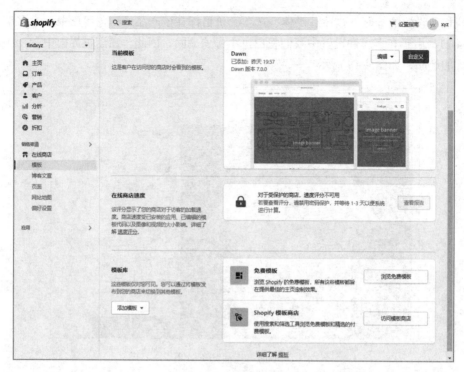

图 4-20 模板

- 使用动态源使内容更丰富：通过将设置连接到动态源，向模板的任何设置中添加动态的专门化信息。动态源可以是资源属性或元字段值。
- 产品系列筛选：允许客户按是否有货、价格等条件筛选商店中的产品系列。

2021 年 7 月，Shopify 发布了名为"Online Store 2.0"的新模板架构。模板架构版本决定了构成模板的文件类型、模板自定义方式以及应用与模板的集成方式。经典模板和新版模板的功能对比见表 4-1。

表 4-1 新模板与经典模板功能对比

特 征	经典	新模板
主页上的分区 自定义在线商店主页上的内容。添加、重新排列或删除分区以创建页面布局。	✓	✓
每个页面上的分区 自定义在线商店大多数页面上的内容。添加、重新排列或删除分区和块，以创建独特的页面布局。	—	✓
增强的应用支持 安装或更改应用，而无须修改任何代码。使用应用块可在模板中的任意位置添加应用功能。	—	✓
使用动态源使内容更丰富 通过将设置连接到动态源，向模板的任何设置中添加动态的专门化信息。动态源可以是资源属性或元字段值。	—	✓
产品系列筛选 允许客户按是否有货、价格等条件筛选商店中的产品系列。	—	✓

可以使用模板编辑器在 Shopify 后台自定义模板设置。如果模板中的设置不能满足需求，还可以编辑模板代码。

当更改模板或切换到新模板时，不会影响账户的产品等信息。可以试用不同的模板风格和设置，从而得到最满意的效果。

4.2.2 添加模板

设置模板的界面如图 4-21 所示。

图 4-21　模板设置

- 模板库可以让用户将获得的模板文件（zip 压缩文件）或者 Github 连接来为在线商店添加模板。
- 免费模板：Shopify 提供了一些免费的模板，单击"浏览免费模板"可以浏览选择这些免费模板，其界面如图 4-22 所示。

图 4-22　免费模板

第 4 章　Shopify 独立站的基本设置

可以根据自己的需要点击选择模板，如选择了 Colorblock，则会出现该模板的介绍，如图 4-23 所示，如果满足需要，就可以将其添加到模板库中。

图 4-23　预览模板

当添加模板完成后，在模板库中将显示所有添加的模板。点击编辑可以对该模板进行预览以查看模板效果，或者单击发布来应用该模板使其成为当前模板，如图 4-24 所示。如果对模板的效果不满意，还可以对模板进行自定义，自定义方法在下节中介绍。

图 4-24　使用模板

- Shopify 模板商店：还可以访问 Shopify 模板商店以选择更多的模板。

Shopify 模板商店提供了各种可添加到在线商店的模板。它包含 Shopify 开发的免费模板和第三方设计人员开发的付费模板。用户可以其中搜索选择模块并将其添加到自己的在线商店模块库中。如图 4-25 所示。

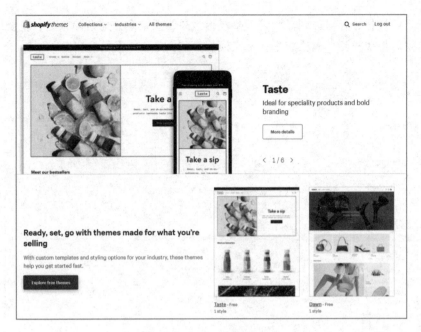

图 4-25　Shopify 模板商店

4.2.3　自定义模板

通过选择模板，用户可以设置在线商店基本外观，但是如果有自己独特的需求，则需要对模板进行自定义。有两种自定义模板的方式。
- 模板编辑器：可以使用模板编辑器来自定义模板内容和设置。
- 编辑代码：如果模板编辑器无法完成需要进行的更改设置，则可以直接编辑模板代码（需要使用 HTML、CSS 和 Liquid）。

对于当前模板，单击如图 4-26 所示中的"自定义"按钮进入模板编辑器页面。建议在自定义模板之前先"下载模板文件"，将会自动将当前的模板发送到注册邮箱中，从而保存当前模板，这样可以在需要时能够放弃更改并重新使用原模板。

图 4-26　自定义模板文件

对于当前模板，还可以对其预览观察模板效果；重命名来修改模板名；复制以产生副本；编辑代码将切换到代码模式来自定义模板，如图4-27所示。

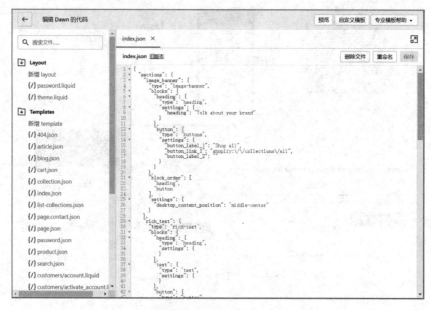

图4-27　编辑模板代码

编辑语言可以修改在线商城的语言以及框架的文字内容，如图4-28所示。

图4-28　设置模板语言

点击"自定义"则进入模板编辑器页面。

模板编辑器包含三个基本部分：导航、模板预览和设置。并提供双侧边栏模式和单侧边栏模式两种模式来利用屏幕上的所有空间。

双侧边栏模式：当浏览器窗口已扩展到大于 1600 像素宽度，此时将显示两个侧边栏。左侧的侧边栏包含导航面板，右侧的侧边栏包含设置面板，如图 4-29 所示。

图 4-29　单双侧边栏模式

单侧边栏模式：当浏览器窗口较窄时，其仅显示一个侧边栏来为模板预览留出空间。点击分区或模块以对其进行编辑时，设置面板会在侧边栏中的导航面板顶部打开，如图 4-30 所示。

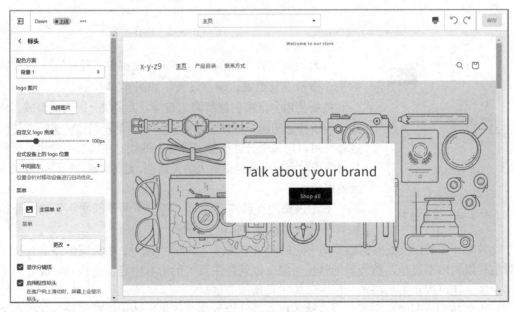

图 4-30　单侧边栏模式

注意模板编辑器的顶部区域，其包含多项内容，如图 4-31 所示。

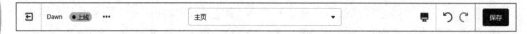

图 4-31　顶部区域

在顶部区域中，左侧有退出按钮，并显示了当前操作的模板名，还可以进行编辑代码等操作，如图 4-32 所示。

中间用于显示和选择自定义的对象，可根据需要，选择当前自定义的具体对象，如图 4-33 所示。

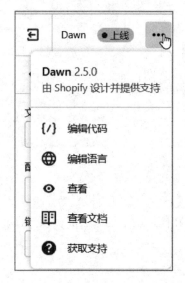

图 4-32　模板设置

图 4-33　操作对象

图 4-34　模式选择

右侧可以切换不同的显示模式，观察在不同模式下的预览效果；撤销以及重做；保存设置，如图 4-34 所示。

模板使用分区来创建所需的布局。大多数分区由块组成，块用于提供特定功能，例如，标头、文本、单张图片、拼贴图片或链接，可以向每个分区添加多种特定的块。在模板中使用分区和块可为排列商店内容提供更大的灵活性，无须编辑代码即可控制在线商店的外观。

下面以修改在线商店主页（首页）的顶部文字为例，介绍如何在模板编辑器中自定义模板。

首先，需要在模板编辑器顶部中间的区域中选择"主页"，此时，模板编辑器会在左侧导航栏以树形图显示当前查看的模板对象（也就是主页）的所有内容。这些内容被分为了多个区，还可以点击"添加分区"来为主页增加分区。

可以使用展开图标来展开分区结点以查看其中的块，还可以使用折叠图标将其折叠来隐藏块。用户可以点击任何分区或块来查看其设置，图 4-35 显示"多列"区包含了三个"Column"块。

图 4-35 模板区块

在导航栏中单击展开"公告栏"区,可以看到其中包含一个公告块,选择该公告,则在右侧菜单栏中将会显示该块的设置项,如图 4-36 所示。

图 4-36 设置选项

在菜单栏中修改公告的文本为"欢迎访问我的商城",配色方案为"强调色 1",则主页顶部的公告区域效果发生改变,如图 4-37 所示。

还可以单击"添加公告"来增加新的公告,如增加公告文本为"Welcome to our store",配色方案为"背景 2",效果如图 4-38 所示。

鼠标移到块右侧时,会出现两个按钮,如图 4-39 所示。

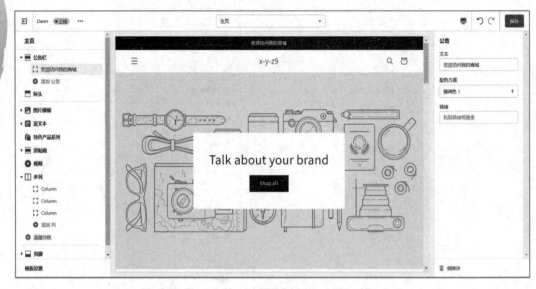

图 4-37　修改效果

图 4-38　增加公告

图 4-39　调整块

其中，类似眼睛的按钮可以选择该块可见或者隐藏，而长按六点按钮则可以拖动调整块的位置从而改变对应内容的位置，如图 4-40 所示。

如果需要删除块，则先选中该块，然后在右侧菜单栏底部点击"删除块"以删除选中的块，如图 4-41 所示。

图 4-40　调整位置

图 4-41　删除块

有些设置是利用模板整体设置的，如修改文字的大小，则需要在"模板设置"项中进行设置。

通过模板编辑器，我们可以根据需要，选择相应的对象（页面），然后设置和修改其内容，从而实现模板的自定义。

4.3　设　置　域　名

域名即 URL 或网址，客户通过域名来访问我们的 Shopify 独立站。默认情况下，创建完成后，Shopify 独立站将获得一个 Shopify 官方免费提供的二级域名，如 x-y-z9.myshopify.com。该域名虽然可以使用，但会给客户一种不太专业的感觉，降低信任度。

而使用自己专属的域名有助于树立品牌知名度，能更直接地展示了业务内容和目的。与业务紧密相关的域名可以使 Shopify 独立站在搜索结果更靠前展示，有利于客户发现并记住 Shopify 独立站。因此，拥有自己的域名可以使 Shopify 独立站的内容以更加可信和专业的方式呈现，提高品牌专业度。

所以，考虑到品牌塑造长远发展，建议将品牌名称注册为域名，并在 Shopify 独立站中添加自定义的域名。

4.3.1　域名名称设计

从 Shopify 独立站的长远发展来看，越来越多的卖家将 Shopify 独立站往垂直品牌站方向发展。而塑造品牌的第一步就是有一个直观和好记的品牌名称，同时将此品牌名称注册为域名。使用与品牌相匹配的域名有助于建立客户对 Shopify 独立站的信任感。

为了让域名体现品牌，获得良好的效果，应该遵循以下域名设计原则。

- 简明扼要：不能太长，要易于记忆。
- 与众不同：应该具有自己的独特性。
- 考虑在线性质：域名是客户通过网络访问 Shopify 独立站的入口，要考虑网络输入等限制。
- 与产品关键词有关：要体现出销售产品的特性。
- 原创：应该是具有自己品牌特色的原创。

域名的设计主要有以下方法。

- 品牌 + 产品。
- 品牌 + Shop。
- Get + 产品。
- 品牌 + 行业。
- 动词 + 品牌。
- 我的/您的 + 品牌。

注意，选择的域名将来需要注册才能使用，因此需要确保该域名没有被其他人使用。可利用 DomainWheel 这样的域名生成网站来根据自己的关键字（品牌或者产品）来辅助生成域名并检查其可用性。

可以通过以下方式为 Shopify 添加域名。

- 通过 Shopify 购买域名：如果想购买新域名，可以通过 Shopify 购买域名以简化设置过程。如果此域名是添加到 Shopify 的第一个域名，系统会自动将其配置为向客户显示的网址。如果已为商店使用了一个域名，则新域名会自动重定向到主域名。可以在 Shopify 后台中管理所有域名设置。
- 将已有域名连接到 Shopify：如果已有第三方提供商提供的域名，就可以将该域名连接到 Shopify 独立站。此时，仍将使用第三方域名提供商来管理域名设置、支付域名费用以及续订域名。
- 将域名转移到 Shopify：如果已有第三方提供商提供的域名，并希望从 Shopify 后台管理所有域名设置，可以将域名管理转移到 Shopify。将域名转移到 Shopify 后，不再需要使用最初购买该域名的第三方域名服务。

4.3.2　通过 Shopify 购买域名

在 Shopify 后台中选择"设置"中的"域名"，进入域名管理界面，如图 4-42 所示。

在域名管理界面中，点击"购买新域名"将会通过 Shopify 来购买域名。输入想要申请的域名，系统会自动显示该域名的状态以及相应的价格，如果显示"不可用"，则说明该域名已被他人使用，这时就需要修改域名直至申请的域名可以购买。图 4-43 显示了可用的域名以及价格示例。由于".com"域名更常见并被认可，因此，建议优先选择".com"域名。

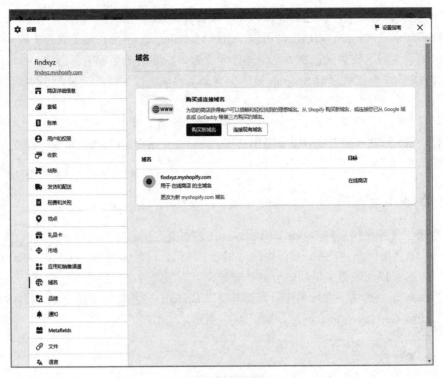

图 4-42　域名管理

图 4-43　购买域名

第 4 章　Shopify 独立站的基本设置

接下来就可以根据提示信息来付款购买。通过 Shopify 购买的域名的注册期为一年，并且在取消域名或 Shopify 商店之前可以一直续订。Shopify 不会在域名服务中提供电子邮件账户，但会为域名提供无限制的电子邮件转发账户，购买域名后不可退款。

通过 Shopify 购买域名后 Shopify 系统会自动为该域名添加解析记录，将该域名绑定到 Shopify 独立站，从而简化了域名设置的流程。

但是，和第三方购买相比，Shopify 提供的域名价格比较贵。另外，Shopify 本身并不是域名提供商，其域名是由域名服务商出购买，并和独立站绑定的，如 Shopify 独立站关闭，该域名无法继续使用。

4.3.3 连接第三方域名

要将第三方域名连接到 Shopify 独立站上，必须要先注册购买好第三方的域名。

目前，域名提供商比较多，如国内的阿里云、腾讯云以及国外的 GoDaddy、Namecheap 等。不同域名提供商的提供不同的价格和服务，可以根据自己的需要进行选择。

GoDaddy 是全球第一大域名注册商，下面以 Godadyy 为例，介绍第三方域名注册的主要流程。访问 Godday 的官方网站，如图 4-44 所示。

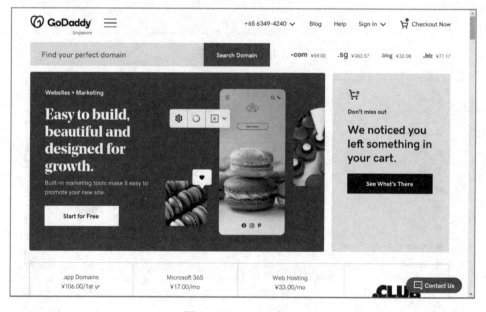

图 4-44　Godday 官网

输入想要注册的名称，如 x-y-z9。搜索域名，网站会检查该名称的可用性，并列出不同顶级域名下的该名称，并显示其可用性，并给出相应的价格。如图 4-45 所示。

根据自己的需要选择合适的域名（推荐.com），填写信息后购买。可以使用银行卡或者支付宝来进行支付。

支付成功之后，就可以使用该域名，注意，Goddady 将会向注册邮箱发送一封如图 4-46 所示的验证邮件来进行验证。

图 4-45　选择域名

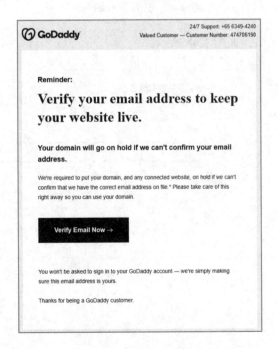

图 4-46　验证邮件

完成域名注册之后，就可以使用该域名来连接 Shopify。在 Shopify 后台管理界面中选择域名，点击"连接现有域名"，如图 4-47 所示。

第 4 章　Shopify 独立站的基本设置

图 4-47 连接现有域名

输入购买的完整域名,如图 4-48 所示。

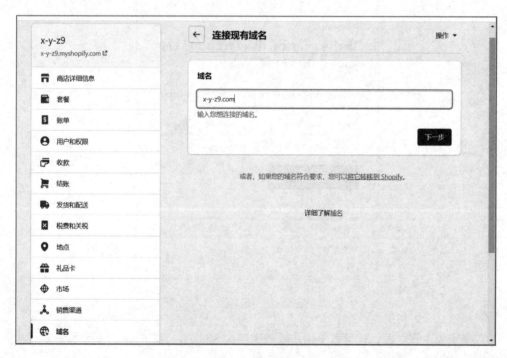

图 4-48 设置域名

选择"自动连接",如图 4-49 所示。

图 4-49 连接域名

将跳转至域名提供商页面,如图 4-50 所示。

图 4-50 域名连接

点击"Connect",完成第三方域名和 Shopify 的连接。连接成功后,将会显示 Shopify 独立站的所有域名,如图 4-51 所示。

图 4-51　所有的域名信息

默认情况下，连接的第三方域名将作为 Shopify 独立站的主域名，主域名是客户和搜索引擎所看到的域名。客户通过该住域名来进行访问 Shopify 独立站。体验到的是独立的商城，实现了真正的独立。还可以根据需要更改主域名。

如果想从 Shopify 后台管理第三方提供商提供的域名，则点击图中的"转移域名"来将第三方域名的管理转移到 Shopify。

通过设置域名，能够以体现品牌或者产品的域名形式来呈现 Shopify 独立站，能增加和客户之间的黏性，更好地体现出 Shopify 独立站的特点和优势，对于 Shopify 独立站的推广和运营都具有重要的意义。

4.4　访问密码设置

完成上述任务后，就建立起了 Shopify 独立站的基本框架。但是，当通过域名访问该站点的时候，并没有看到 Shopify 独立站的主页，而是会看到如图 4-52 所示的界面。

图 4-52　主页界面

这表示该 Shopify 独立站暂时还未正式开放，如果要访问，则需要点击"使用密码进入"，在如图 4-53 所示界面中输入正确的密码才能访问。因为此时 Shopify 独立站启用了密码保护来限制对站点的访问，此时站点仅向拥有密码的客户开放。

图 4-53　偏好设置

可以在 Shopify 后台管理的在线商店中的偏好设置中对密码保护设置。

上图显示目前 Shopify 独立站是受密码保护的。单击"禁用密码"将定位到本界面下方的"密码保护"处，如图 4-54 所示。

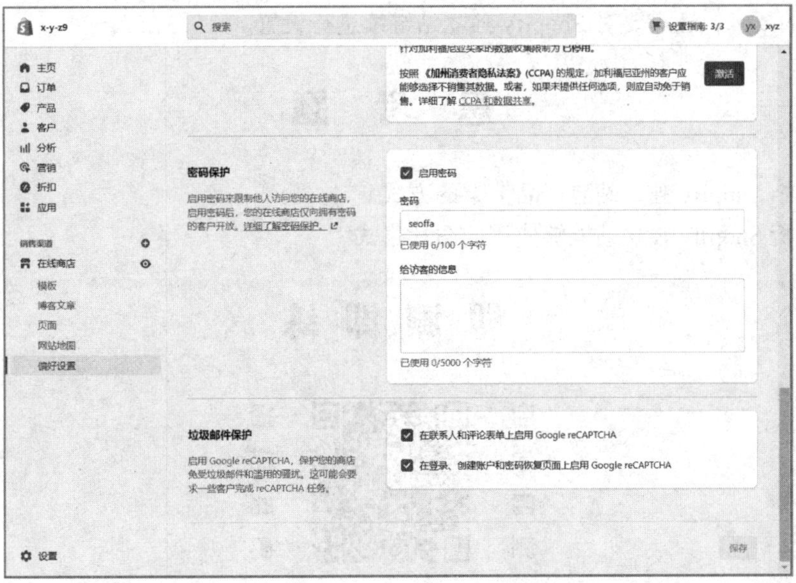

图 4-54　密码保护

第 4 章　Shopify 独立站的基本设置

卖家可以修改密码，设置给访客的提示信息，还可以取消勾选"启动密码"以禁用密码。注意，在支付 Shopify 独立站套餐费用之后才能取消密码。

当禁用密码之后，客户通过域名就可以直接访问 Shopify 独立站。如图 4-55 所示。

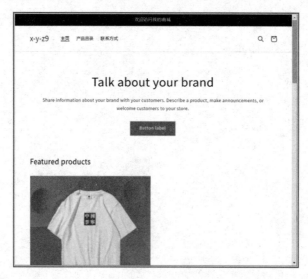

图 4-55　直接访问

本 章 小 结

本章介绍了在新建 Shopify 独立站（商店）之后需要对其进行的基本操作如添加产品、设置模板及域名，取消了访问密码。该 Shopify 独立站能够实现基本的功能，但是为了满足跨境电商的要求，还需要对 Shopify 独立站继续进行设置。

思 考 题

1. 总结 Shopify 独立站有产品上架的方式。
2. 分析 Shopify 独立站能够使用的图片格式。

即 测 即 练

自学自测　扫描此码

第5章 Shopify独立站的选品和上架

5.1 Shopify独立站选品的影响因素

无论是传统商业贸易,还是基于互联网的电子商务,卖家如果想要稳定立足于市场,必须要准确地将自己嵌入到整个贸易链条中,也就是供给与市场需求做到尽可能匹配,以此来节省成本,提升效率,最终扩大销量。

尤其是在跨境电商领域,选品工作更是开展线上销售的首要核心问题,由于卖家与客户以及目标市场相隔万里,且处于不同的地区文化和消费圈层,如果贸然入场势必不会取得好的效果,因此,卖家的选品策略与市场契合度的高低,就成为左右其成功与否的重要因素。

对于 Shopify 独立站而言,其遵循"七分选品,三分运营"的原则,由此可见选品的重要性。Shopify 独立站在进行选品时,要综合考虑产品的市场等多个方面,才能实现选品合适,从而为 Shopify 独立站的运营打下基础。在选品时主要考虑以下因素。

1. 需求

在选择产品时,首先要考虑该款产品是否为市场刚需,而不是一些对于市场来说可有可无的产品,从而来确认产品的领域类目。Shopify 独立站销售的产品对于市场来说必须是一些易消化的产品,这样的产品也更加有助于独立站后期的推广与转化。

同时,选择的产品一定要是使用频率较高的产品,因为使用频率越高的产品,消耗也就越大,这样的产品更加有助于推广。因为这样高消耗频率的产品,往往只要推广一次,当用户购买后只要质量上没有问题,很大程度上用户在下次购买的时候还会直接进行购买,这样也就会减少推广费用,这类产品就非常有利于 Shopify 独立站的卖家,因为推广次数的减少也就意味着前期投入资金也会相应的减少。

2. 差异化

对于传统跨境电商卖家来说,产品的差异化和创新可能不是很重要,但是对于 Shopify 独立站卖家来说,差异化和新奇的产品往往都是自带流量的,因为好奇心是不分国界的,是存在于每个人内心的。所以,新奇和具有差异化的产品的会更容易吸引客户,再结合推广平台的推荐机制,会使得产品的曝光率不断强化,当产品的曝光率够大时,即使其转换率不高,最终的成交数量也会非常大,因为它的基数大,所以就算转化率低也没有问题,所以选择具有差异化的创新产品对于 Shopify 独立站来说非常重要。

3. 产品定位

选品时还需要清晰自己所选择产品的定位是什么,要明确所选择的产品要面向的是哪些群体,所选择产品中哪些地方会引起目标客户群体的购买欲望,这一点非常重要。只有卖家清楚自己的产品定位,推广和引流才会更有目的性,也更精准,这样才能够用最少的推广成本获得最大的收益。如果产品的定位不明确,就无法确定产品的目标客户群体,这样就会大大增加推广费用,还会产生虽然流量也很大,但是转换比率非常低的情况。因此产品定位也是选品中非常重要的影响因素。

4. 目标市场容量

产品的市场容量也就是市场需求量与存在量的对比,通俗来讲,就是所选择的产品所面对的市场有多大、同类型产品在线上有多少、产品是否是高消耗产品,这样结合起来就能够得知所选择的产品的市场容量是多大,是否能够快速获利,同样也就可以知道这款产品的市场竞争力。

5. 趋势

在选品时,一定要考虑产品目前在目标市场的表现,是否处于一个持续上升的趋势,如果该产品在目标市场处于一个持续走低的情况,并且相关的搜索和评论持续减少,就需要考虑产品。

6. 价格区间

产品的价格区间是选品时的一个非常重要的因素,确定了产品的价格区间后,才可以进一步考虑选择哪个类型的产品,再结合产品成本和运输成本等一些系列因素后,就可以确定要售卖的产品的大概类型。

对于 Shopify 独立站新手卖家,产品的价格尽量控制在 15~200 美元,其中较好的价格范围是 20~75 美元。因为如果产品售价低于 15 美元,这个产品的利润空间将非常低,毕竟产品不但要涉及产品成本和运输费用,后续还要涉及推广费、物流仓储费和人员费用等。而如果价格设置太高的话,那么无形中所面对的人群就要减少,而且面对售卖价格较高的产品时,人们的思考会增加,会在买与不买中反复纠结,所以,我们在选择产品的售卖价格时一般控制在 200 美元以内。

7. 物流和运输

在选择产品时一定要把产品的物流和运输费用计算进去,建议 Shopify 独立站的新手卖家,在选择产品的时候尽量选择小件商品和重量较轻的产品,这样就可以更好控制物流成本,如果选择的产品有海外仓的话会更好,这样物流成本将会更少,也能避免一些在运输途中的损坏或者不确定性因素,同时也能减少买家退货退款后对卖家所造成的损失。

此外,选择不同的物流和运输方式还会影响资金的回笼速度。当货物从中国仓发到美国时,如果是小商品,可以考虑选择空运,虽然利润可能会有所下降,但是它的运输时长会大大少于海运,虽然选择海运的利润会变高,但是运输时长会大大增加。如果选择空运,7 天商品就可以送到顾客手中,但选择海运,可能 14 天它还是在海上运输,商品送不到顾客手中,顾客就不能确认收货,资金无法到账,所以运输还会涉及资金回笼速度。此外,还可能会出现产品还没有送到顾客手中,顾客就选择了退货退款的情况。所以选择不同的物流和运输方式所造成的结果也是不一样的。

8. 风险规避

虽然 Shopify 独立站是由卖家自己独立管理和运行的，对于销售的产品并没有平台的限制，但是在选品时还是要注意规避风险，特别是避免选择侵权产品，一定不要抱着侥幸心理去销售侵权产品，这样也许一开始会快速取得盈利，可是一旦被发现，就会面临账户被冻结，侵权被投诉的结局，最后很可能把之前赚的钱也赔进去，得不偿失。而且资金的损失只是一方面，一旦一个卖家对于侵权产品形成依赖，有了投机心，就很难回归到正常的运营上来了，这种心态将会制约其以后运营各个的方面。

同时，运营者还要注意规避不同国家和地区的法律风险，要确保产品在目标销售市场符合当地的法律要求。否则，当准备上架售卖产品才发现产品在当地法规是禁止售卖的，那么前面的功夫就白费了，浪费时间和精力。

此外，有些产品会受到物流公司限制，不允许运输此类产品，比如液体类、化妆品、易燃易爆炸产品、电子烟、打火机等，这些也需要注意。

5.2　Shopify 独立站的选品方法

当 Shopify 独立站卖家明确了关于选品的基本要求后，验证其是否符合市场需求和发展趋势就成为关键工作。跨境电商是传统贸易模式线上化的结果，在面对不断波动且状况复杂的海外市场时，Shopify 独立站卖家可以利用数字化的工具来辅助完成选品分析工作。

5.2.1　利用谷歌趋势

借助互联网，全球愈加成为一个完整的信息资源体，同时数字化技术的快速发展，都为线上化数据工具的出现提供了良好的土壤。因此，近年市场上出现了越来越多的数字化信息工具，对于 Shopify 独立站卖家来说，可以使用谷歌趋势（Google Trends）这样的数字化信息工具来辅助进行选品。

谷歌趋势（Google Trends）是一款完全免费，并基于谷歌搜索数据而推出的一款分析工具，它通过分析谷歌搜索引擎每天数十亿的搜索数据，告诉用户某一关键词或者话题的各个时期在谷歌搜索引擎中展示的频率及其相关统计数据。通过谷歌趋势的分析，可以对多个类目的搜索行为进行对比，还可以在不同的时区和地区对某一个关键词进行详细的搜索行为比较。谷歌趋势可以预测未来一段时间内的搜索趋势，从而帮助卖家预测产品的发展趋势。

登录 https://trends.google.com/，即可进入谷歌趋势，开始进行关键词趋势查询。谷歌趋势的用户界面为卡片式设计风格，数据呈现可视化，使用方式直观简单。

1. 查看关键词热度

打开谷歌趋势网站，显示了其核心功能，用户通过输入关键词或主题进行搜索，谷歌趋势可以直接展示其热度随时间变化的趋势。

以 Overcoat（大衣）作为关键词，在搜索框输入 Overcoat，设置地区为全球，时间为过去 5 年，于是网站将展示过去 5 年内关于 Overcoat 这个关键词的全球网页搜索热度趋势走向。结果如图 5-1 所示。

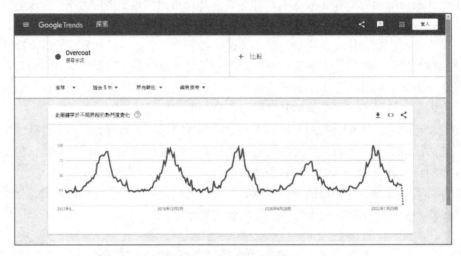

图 5-1　显示趋势

谷歌趋势对于关键词热度采用的是计数方式衡量，数字代表相对于图标中指定区域和指定时间内最高点的搜索热度，热度最高得 100 分，随热度下降而分数下降。可以看到 Overcoat 这个单品，具有显著的季节性热度周期，在每年的 9—12 月其热度趋势持续上升，并在 11—12 月达到峰值。

用户还可以自己选择其他时间周期进行趋势查看，目前可供选择的时间段从最短过去 1 个小时到最长可以查看 2004 年至今，不同的时间周期选择，可以更好地帮助卖家从不同时间维度分析热度趋势，以判断目标关键词的趋势波动周期，进而对目标市场、产品热度、销售周期等衍生数据进行分析，实现精准选品。尤其是对于采取 Dropshipping 运营模式的卖家，精准的选品策略是其发展壮大的核心竞争力，掌握不同商品的热度趋势变化就显得至关重要。

2. 按区域查看热度

谷歌趋势对于跨境电商行业选品最有帮助的功能之一，就是其可以提供同一个关键词在不同市场地区的热度数据以供商家进行对比。

值得注意的是，在区域热度展示中，不同区域的热度数值得分越高，代表着该关键词在当地所有查询中的占比越高，并不代表绝对查询次数越多，因此，如果一个小国家/地区的 Overcoat 查询次数占比是 80%，其得分会比该比例只有 40% 的国家/地区高出 1 倍。如果将地区选择为特定国家，还可以看到该国家每个省份或者行政区域中的热度趋势差异。这对于使用海外仓的商家来说，可以更有针对性选择海外仓地点进行铺货，以节省相应的物流运输费用。

3. 对比不同关键词热度

谷歌趋势还有一项对于卖家具有吸引力的功能，那就是不同关键词的热度对比，即可以在谷歌趋势中同时输入 2 个及以上（最多 5 个）的目标关键词，可以是商家的公司名、产品名称、竞品名称等。

以 OPPO 和 Vivo 为例，这两家中国公司都向全球市场销售自身品牌的智能手机，如果一个以 3C 数码周边手机壳为主的商家，希望分析哪个品牌在全球的热度更高，增长趋势更好，就可以利用谷歌趋势进行两个品牌在全球互联网中的热度值对比。

4. 相关主题和相关查询

关键词和热门主题的研究，是谷歌趋势的主要功能之一，如果卖家想扩大商品种类和销售数量，但又希望以目前在售产品为核心进行扩充，采取稳扎稳打保守扩张的策略，可以利用谷歌趋势中的相关主题和相关查询功能。

所谓相关主题，就是以用户键入的关键词为核心进行衍生（相关性）分析，筛选出目前全网最热门的、话题讨论度最高的相关主题，也就是全球网民搜索了目标关键词之外，同时还搜索了那些主题，将最热门的部分进行展示。

相关搜索是统计展示出用户在搜索 Overcoat 这个关键词时，都是以哪些组合词汇进行搜索，如 mens overcoat 是最常出现的相关搜索。

卖家借助这些搜索量上升最快以及最热门的相关信息，可以更好地进行相关品类扩充和 SEO 营销关键词的选取，以便获得更好的营销传播效果。

利用好谷歌趋势或其他数据分析工具，可以指导卖家在合适的市场进行精准铺货，以及洞悉销售周期性，提前进行营销准备和库存管理。如根据目标关键词在不同国家/地区的热度分布情况，卖家可以及时发现潜在的目标市场，如果某个商品品类在特定地区很受欢迎，那么可以进一步缩小线上内容的推广范围，实现线上营销内容的精准推送，以及确定合适的内容发布时间，从而节约可观的营销费用。

而通过关键词比较功能，卖家可以针对竞争对手或其他竞品的热度，随时进行监控和对比。通过将竞争对手的品牌名称与自身品牌进行对比，双方在同一区域同一时间段的热度走势一目了然，如发现竞争对手的热度有明显提升，就需要引起注意，进而重点研究，优化自身的业务和产品服务布局，稳固市场占有率和销售地位。

同时针对由核心关键词衍生出的相关热门主题和搜索，可以将这些衍生关键词作为优化自身 SEO 营销内容的有效辅助，将自己的品牌或商品与热门主题进行内容上的有机结合，可以使自己的品牌知名度在短期内得到有效提升，进而为后续收获相应的流量以及用户反馈打下坚实的基础。

5.2.2 利用第三方平台

Shopify 独立站还可以通过第三平台来辅助选品，可以根据当地国家最受欢迎的网站平台去选品。这种第三方平台应该拥有足够大的客流，才能保证数据的精准性。目前常用的第三方平台主要包括亚马逊、速卖通、eBay 和 Wish 平台等。

下面以亚马逊为例，介绍如何通过第三方平台来进行选品。

首先登录亚马逊，如果想观察该平台上美国市场的产品情况，就选择区域为美国，显示如图 5-2 所示页面。

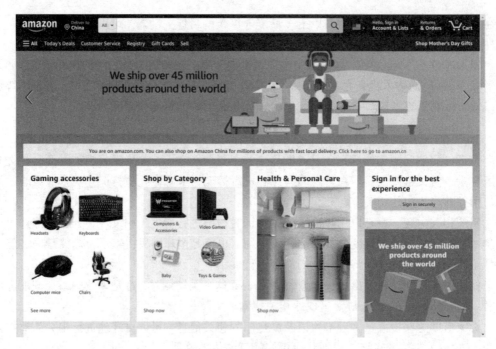

图 5-2 亚马逊首页

可以通过观察亚马逊平台定期推出的各种排行榜单来辅助进行选品，通过亚马逊平台上的这些榜单，我们可以判断出哪类产品目前是亚马逊跨境电商平台上的热门产品，哪些产品近期的销量突然暴涨。

在亚马逊中任意选择一个产品，在其详细页中有该产品类别的 Best Sellers Rank 链接，如图 5-3 所示。

Product information

Product Dimensions	7.09 x 3.86 x 8.46 inches
Item Weight	12.6 ounces
ASIN	B097JM8PV3
Item model number	G20B
Customer Reviews	77 ratings 4.3 out of 5 stars
Best Sellers Rank	#3,055 in Video Games (See Top 100 in Video Games) #37 in PlayStation Accessories #231 in PC Game Headsets
Is Discontinued By Manufacturer	No
Date First Available	June 19, 2021
Manufacturer	AIHOOR

Warranty & Support

Product Warranty: For warranty information about this product, please click here

Feedback

Would you like to **tell us about a lower price?**

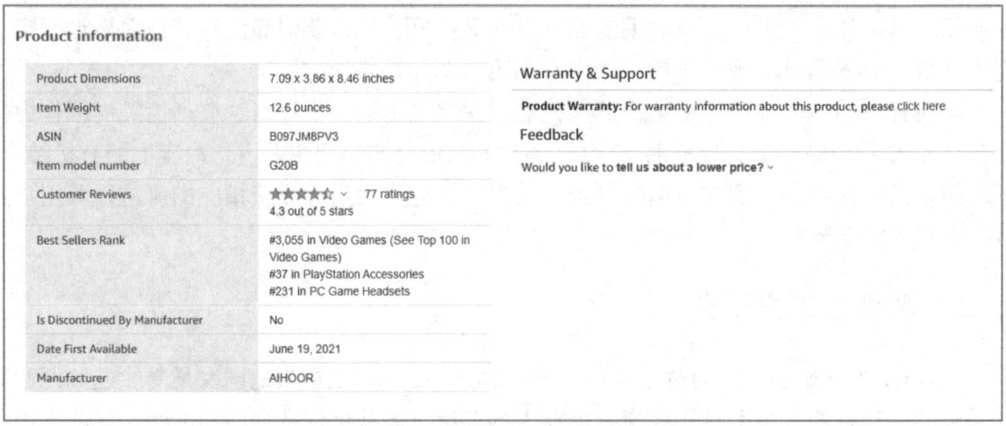

图 5-3 Best Sellers Rank 链接

通过该链接可以跳转至 Amazon Best Sellers 页面，选择 Any Department 可以观察所有类别的 Best Sellers，如图 5-4 所示。

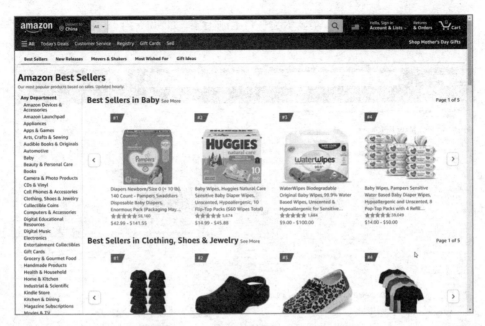

图 5-4 所有类别的 Best Sellers

可以根据自己的产品定位在左侧栏中选择对应的类别,然后观察此类别下的畅销产品。如卖家想售卖家居厨房类的产品,就可以选择 home & kitchen 类别,观察其中的热卖产品。如图 5-5 所示。

建议重点关注销量榜第四或者五位后的产品,因为销量排在最前面的产品大多数是知名品牌产品,或者产品本身的知名度就比较高,而这样的产品往往竞争非常激烈,对于新手卖家而言,压力会比较大,因此,关注销量不错而竞争相对比较小的产品更容易获得机会。

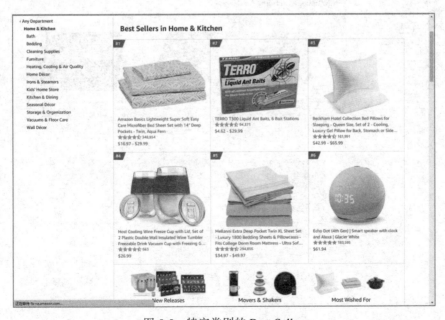

图 5-5 特定类别的 Best Sellers

第 5 章 Shopify 独立站的选品和上架

还可以观察 New Releases，其显示了平台上刚上架（如 90 天内）的新产品的销量排行，如图 5-6 所示。利用 New Releases 可以观察趋势，发现机会。

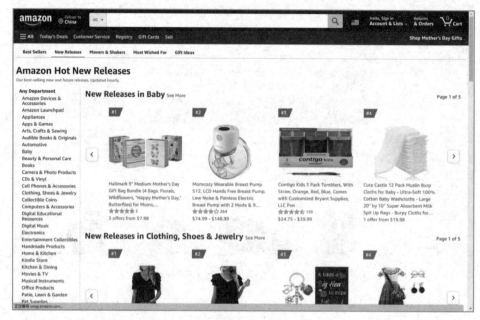

图 5-6　New Releases

同样地，可以根据需要选择具体的产品类别来观察该类别下的新品信息。home & kitchen 类别中的 New Releases，如图 5-7 所示。

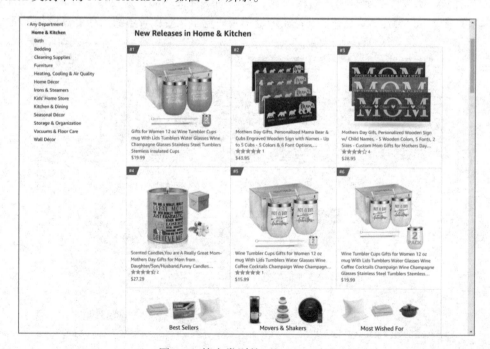

图 5-7　特定类别的 New Releases

对于 New Releases 中的产品，由于是在平台上新上架，所以还没有竞争过于激烈的情况，所以直接按照销量来进行观察。

通过观察亚马逊这类第三方平台上的产品销售情况，可以帮助卖家分析产品在目标市场的竞争力，从而结合 Shopify 独立站的定位和供应商等情况来实现更合理的选品。

5.2.3 利用 Shopify 独立站分析工具

对于 Shopify 独立站，其选品方法和范围与平台站点还是有区别的，如果获取到运营比较成功的 Shopify 独立站，通过分析其选品可以为我们的选品提供有价值的帮助和思路。因此，可以利用一些 Shopify 独立站分析工具来进行选品参考。下面以 GlobalShopList 为例来进行介绍。

GlobalShopList 功能重要包括以下内容。

- 查找中流量最大的 Shopify 独立站。
- 通过关键字搜索相关品类的高流量 Shopify 独立站。
- 提供链接可以跳转到相应的 best selling 页面和 facebook 活动。

GlobalShopList 简单实用，而且免注册免费，通过 GlobalShopList 可以实现竞品店铺查找和成功店铺分析等操作。很多时候，我们想找出独立站的同类竞品并不是那么容易，但是利用 GlobalShopList 可以通过关键字找到同品类流量比较大的网站，进而可以很容易找到竞品 Shopify 独立站。下面介绍 GlobalShopList 的基本操作。

首先登录 GlobalShopList 网站，我们可以输入关键词（如产品名称 T-shirt）来搜索相应的 Shopify 独立站，结果如图 5-8 所示。

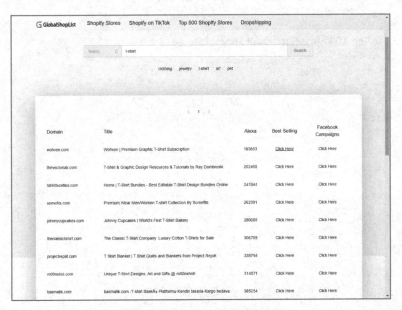

图 5-8　GlobalShopList 搜索结果

可以观察符合条件的 Shopify 独立站的网站地址、流量排名、热卖商品和社交媒体广告活动情况。

单击 Shopify on TikTok 可以查看在 TikTok 上做推广的 Shopify 独立站的相关信息，如图 5-9 所示。

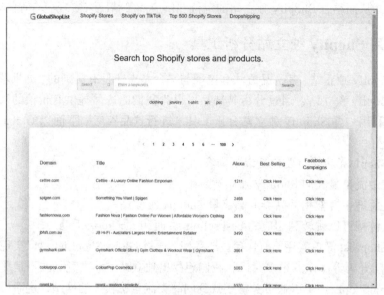

图 5-9　TikTok 信息

单击 Top 500 Shopify Stores 还可以查看高排名的 Shopify 独立站，如图 5-10 所示。

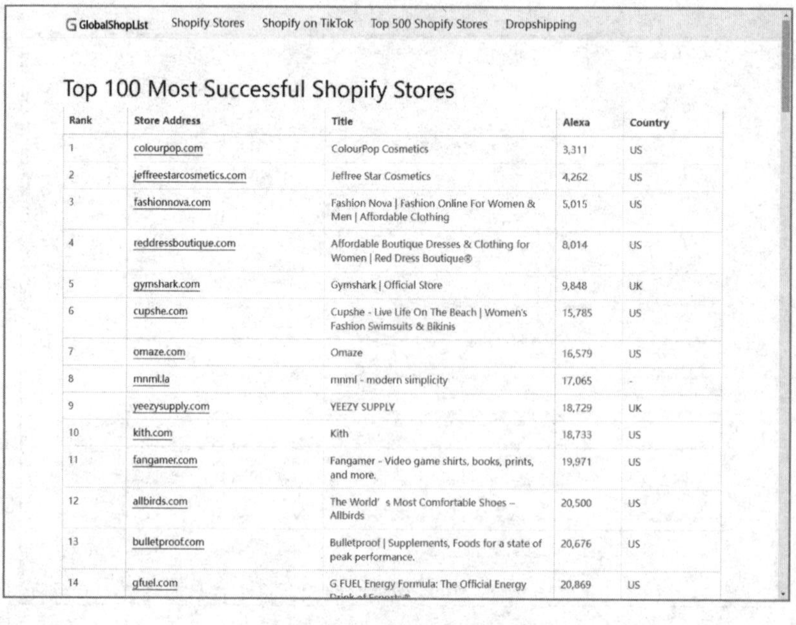

图 5-10　高排名独立站

单击 Dropshipping 可以查看在 Dropshipping 模式下做的比较成功的 Shopify 独立站，

如图 5-11 所示。

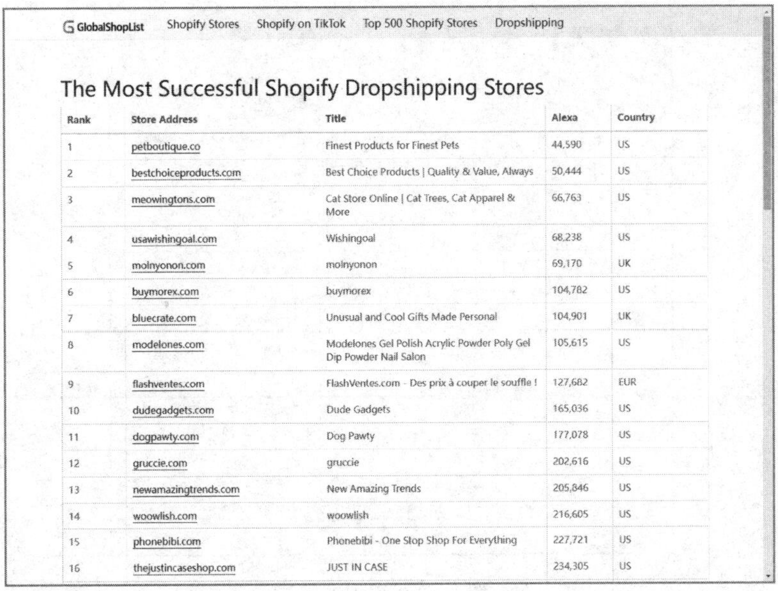

Rank	Store Address	Title	Alexa	Country
1	petboutique.co	Finest Products for Finest Pets	44,590	US
2	bestchoiceproducts.com	Best Choice Products | Quality & Value, Always	50,444	US
3	meowingtons.com	Cat Store Online | Cat Trees, Cat Apparel & More	66,763	US
4	usawishingoal.com	Wishingoal	68,238	US
5	molnyonon.com	molnyonon	69,170	UK
6	buymorex.com	buymorex	104,782	US
7	bluecrate.com	Unusual and Cool Gifts Made Personal	104,901	UK
8	modelones.com	Modelones Gel Polish Acrylic Powder Poly Gel Dip Powder Nail Salon	105,615	US
9	flashventes.com	FlashVentes.com - Des prix à couper le souffle !	127,682	EUR
10	dudegadgets.com	Dude Gadgets	165,036	US
11	dogpawty.com	Dog Pawty	177,078	US
12	gruccie.com	gruccie	202,616	US
13	newamazingtrends.com	New Amazing Trends	205,846	US
14	woowlish.com	woowlish	216,605	US
15	phonebibi.com	Phonebibi - One Stop Shop For Everything	227,721	US
16	thejustincaseshop.com	JUST IN CASE	234,305	US

图 5-11 Dropshipping 信息

可以在 GlobalShopList 中根据需要选择合适的 Shopify 独立站，观察他们的定位和选品，从而为自己的 Shopify 独立站选品提供参考。还有一些类似的工具如 Looooi、Xpareto、Commerce Inspector 等，可以根据需要自行选择。

在第 4 章中，我们根据设置指南的引导，为 Shopify 独立站添加了产品。在日常的运营中，对产品上架和管理是基础的操作，下面介绍如何实现产品上架和管理。

5.3 Shopify 独立站中产品的上架方式

5.3.1 手动上架产品和管理

首先进入 Shopify 独立站后台，选择产品类目，将会显示 Shopify 独立站的现有所有产品信息，如图 5-12 所示。

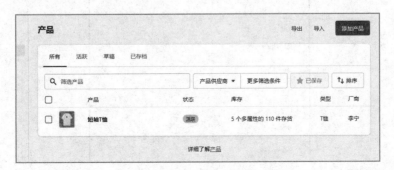

图 5-12 产品列表

单击"添加产品"按钮，可以为 Shopify 独立站添加新的产品，其设置界面如图 5-13 所示。

图 5-13　添加产品

手工上架产品的基本操作方法在第 4 章中已介绍。

添加产品时，需要根据需要设置 SKU（货号），SKU 是在 Shopify 内部用来跟踪库存和报告销售情况的代码。使用按产品多属性 SKU 可以显示销售额报告来帮助分析销售情况。可以使用 SKU 进行库存更新和存储。还可以使用显示 SKU 的贴纸标记产品，以便简化换货和退货，或者用于处理客户关于特定产品的问题。其设置界面如图 5-14 所示。

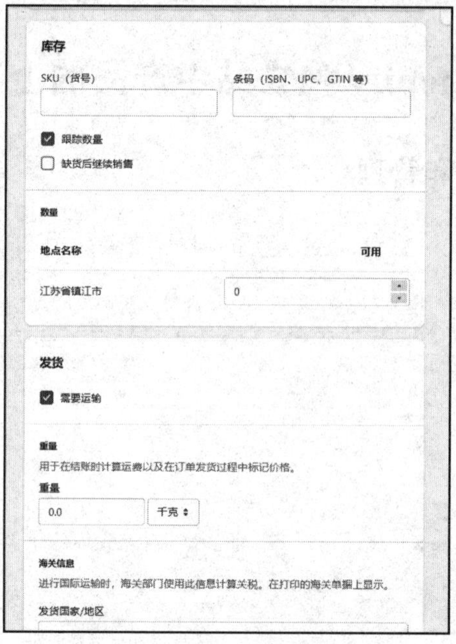

图 5-14　SKU 设置界面

我们可以根据业务创建自己的 SKU 格式和代码。为获得准确的库存跟踪和报告，需要对每种产品的多属性使用唯一的 SKU。

在设计 SKU 格式时要注意以下方面。

- 字符：可以使用全数字或数字和字母混合。但避免使用数字 0 和 1，因为在 Shopify 中搜索产品 SKU 时，它们可能会与字母 O 和 I 混淆而出现问题。但是破折号或下划线非常有用，因为它们可分隔数字和字母组。这些数字和字母组可以代表产品属性，如样式、颜色、尺寸、图案等。
- 长度：SKU 应尽可能简短，一般不超过 16 个字符，根据所售产品的数量和种类，通常使用 4~10 个字符的 SKU 格式。
- 简短易懂：SKU 中的每个字母和数字都需要有特定的用途，并易于理解，这样有助于查找和打包订单。
- 唯一：为了获得有效的跟踪和销售报告，Shopify 后台中的 SKU 应是唯一的，并且任何两种产品多属性在其详细信息中都不应包含相同的 SKU。例如，销售颜色不同的 T 恤并用不同的多属性表示，则每个多属性都应具有唯一的 SKU。

如果 Shopify 独立站的定位是服装店，所有产品都具有品牌、样式和尺寸。就可以选择使用十位数字的 SKU 格式####-###-###。这些由连字符分隔的数字指的是品牌、样式和尺寸。如使用 SKU 4225-776-3234 来表示品牌为 4225、腿型为 776（靴型裤）以及尺寸为 32×34（腰围和长度）的裤子。

如果定位是木质笔业务，就可以按木材类型、墨水颜色和笔尖的大小来分类和组织产品，于是可以使用字母数字 SKU 格式 ###_###_##。例如，用 WAL_BLK_25 来表示由胡桃木制成且具有黑色墨水和 2.5 毫米笔尖的笔。

5.3.2 批量上架产品

在 Shopify 所有的基础操作中，产品信息的上传与编辑是其中最耗费时间的一项操作，尤其是当产品比较多时，如果采用手动方式在 Shopify 独立站中逐一输入，其效率不高，也容易出错，这时，我们就可以利用批量上架产品的方式来提高产品上传和编辑的效率。

Shopify 支持 CSV（逗号分隔值）格式的文件进行批量导入和导出 Shopify 独立站产品的操作。在以下情况下我们可以考虑采用批量导入和导出操作。

- 将一个 Shopify 网站 A 的数据复制到另外一个 Shopify 网站 B，可以先从网站 A 将数据全部导出，然后再在 B 站将 A 站导出的数据导入。
- 批量上传产品，使用批量导入可以提高效率。
- 网速比较慢时，使用批量导入可以节省时间。

导入产品时，数据会从 CSV 文件转换为产品。这样就可以事先准备好 CSV 格式的产品数据，然后将该 CSC 文件导入 Shopify 独立站来实现批量上架产品。

在图 5-17 所示的产品界面中单击"导入"按钮，将会弹出导入界面，如图 5-15 所示。

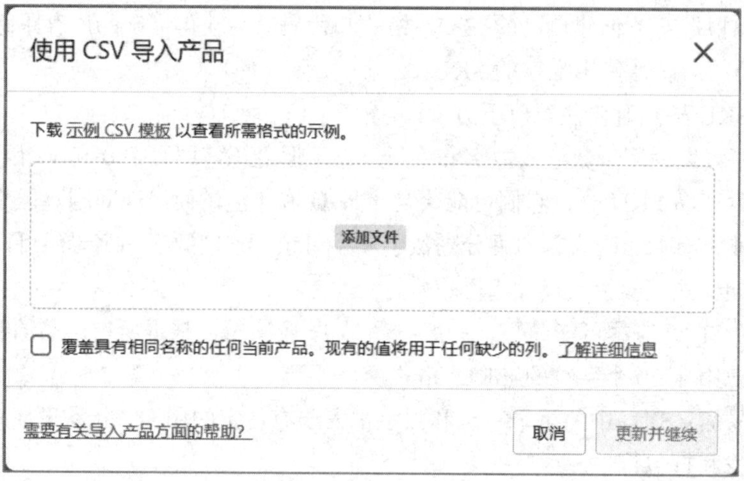

图 5-15　导入界面

首先下载示例 CSV 模板文件，可以利用电子表格编辑程序（如 Excel）将其打开，内容如图 5-16 所示。

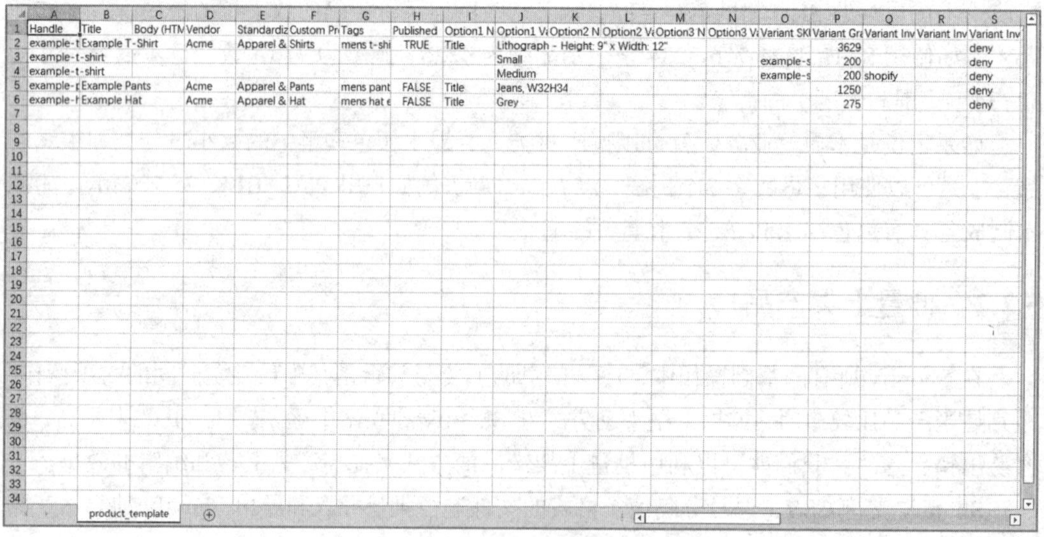

	A	B	C	D	E	F	G	H	I	J	K	L	M	N	O	P	Q	R	S
1	Handle	Title	Body (HTM	Vendor	Standardiz	Custom Pr	Tags	Published	Option1 N	Option1 Va	Option2 N	Option2 Va	Option3 N	Option3 Va	Variant SK	Variant Gra	Variant Inv	Variant Inv	Variant Inv
2	example-t	Example T-Shirt		Acme	Apparel &	Shirts	mens t-shi	TRUE	Title	Lithograph - Height: 9" x Width: 12"						3629			deny
3	example-t-shirt									Small					example-s	200			deny
4	example-t-shirt									Medium					example-s	200	shopify		deny
5	example-p	Example Pants		Acme	Apparel &	Pants	mens pant	FALSE	Title	Jeans, W32H34						1250			deny
6	example-h	Example Hat		Acme	Apparel &	Hat	mens hat e	FALSE	Title	Grey						275			deny

product_template

图 5-16　CSV 模板

使用产品 CSV 文件时，要注意以下事项。

- 产品 CSV 文件的第一行必须是产品 CSV 描述表中指定的列标头。
- 每列必须用逗号分隔。
- 使用 CSV 文件导入新产品时，Title 列必须填写。
- 使用 CSV 文件更新产品时，Handle 列和 Title 列必须填写。

根据 CSV 模板文件的要求，输入需要上架的产品的信息，准备好 CSV 数据，添加好文件，如图 5-17 所示。

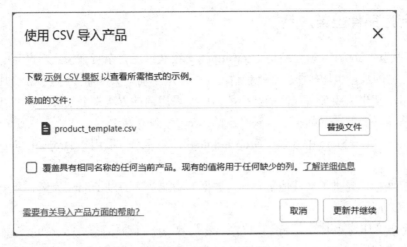

图 5-17　导入 CSV 文件

单击"更新并继续"将会显示导入的第一件产品的基本信息，如图 5-18 所示。

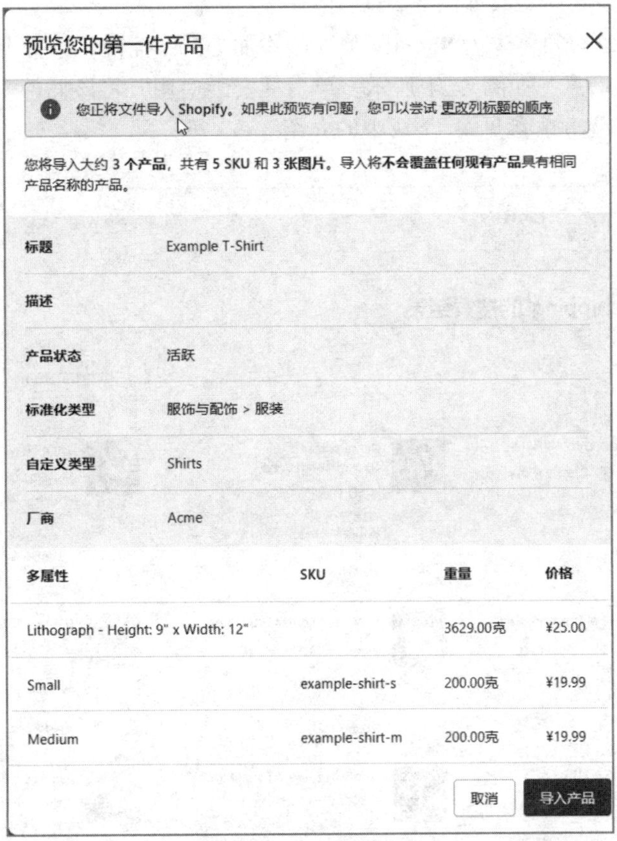

图 5-18　导入基本信息

此时，可以核对导入的产品信息，如果没有问题就可以导入产品。

5.3.3 利用插件上架产品

如果我们的 Shopify 独立站是 Dropshipping 模式或者是杂货铺模式，产品的类别跨度比较大，产品的数量也比较多。在这种情况下，使用手动上架产品无疑会大量增加工作量，而使用批量上架也需要准备产品的基础数据。而采用插件方式来上架产品，可以直接从其他平台上将所需要的产品数据引入到自己的 Shopify 独立站中。

在 Shopify App Store 中搜索"Dropshipping"，会显示可以用于 Dropshipping 的插件，如图 5-19 所示。

其中有些插件提供了从其他平台导入数据的功能。下面以 DSers 为例，介绍利用插件上架产品的方法。

DSers 是全球速卖通的官方合作伙伴，专门致力于自动化管理 Dropshipping 业务所需的从搜索产品到比较供应商，从导入速卖通产品到完成订单等功能，DSers 可以一键从速卖通导入产品，通过"寻找供应商"中的实时数据，可以轻松找到优质产品。每次将产品从速卖通导入 DSers 时，该产品都会添加到 DSers 导入列表中，可以编辑、标记产品并将其发送至 Shopify 独立站。其如图 5-20 所示。

要使用 DSers，必须首先为 Shopify 独立站添加 DSers 插件，选择上图的"添加应用"按钮，会显示授权信息，如图 5-21 所示。单击"安装应用"将该插件安装到 Shopify 独立站中。具体插件安装方法参见第 11 章中的介绍。

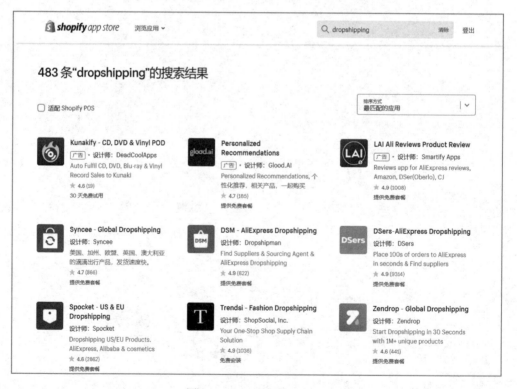

图 5-19　Shopify App Store

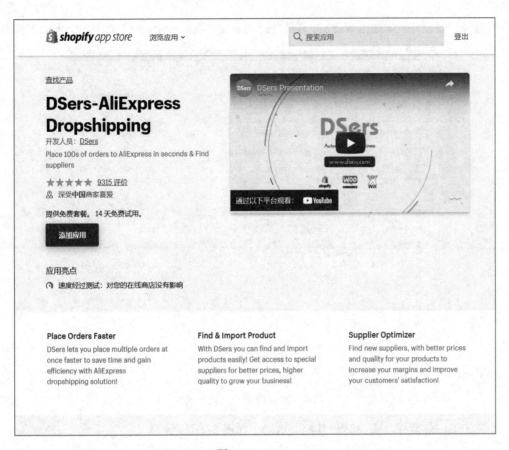

图 5-20　DSers

图 5-21　授权信息

第 5 章　Shopify 独立站的选品和上架

登录并设置好速卖通账号之后,该插件就会被安装在 Shopify 独立站中,如图 5-22 所示。

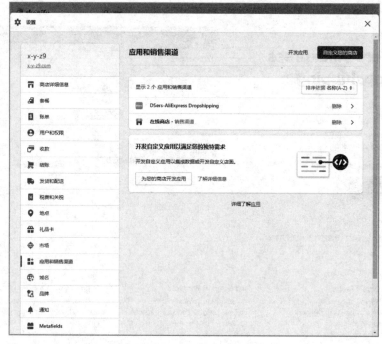

图 5-22　应用安装列表

单击 DSers 插件,将会显示其相关信息,如图 5-23 所示。

图 5-23　DSers 相关信息

单击"打开应用"按钮启动该插件，将会显示 DSers 的操作界面，如图 5-24 所示。

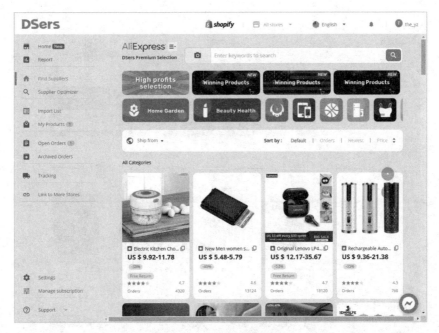

图 5-24　DSers 操作界面

选择"Find Suppliers"，通过关键词在速卖通中搜索产品。如需要导入产品 T 恤，则在搜索栏中输入 T shirt 进行搜索，显示如图 5-25 所示结果。

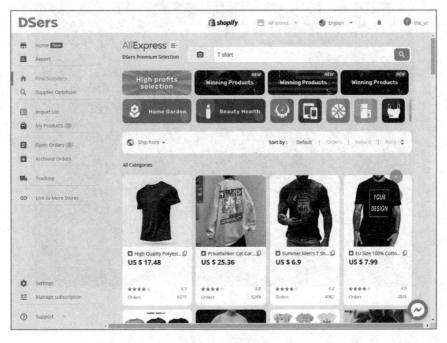

图 5-25　搜索结果

将鼠标移到需要导入的产品上，该产品上将会出现"Add to Import List"按钮，如图 5-26 所示。

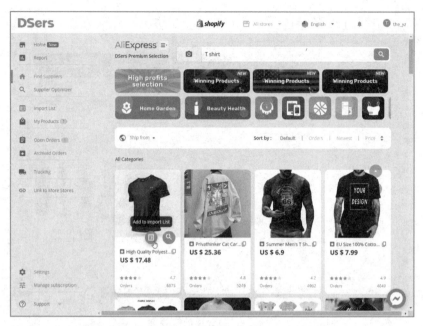

图 5-26　添加产品

单击"Add to Import List"按钮，就将此产品添加到了导入列表中，如图 5-27 所示。

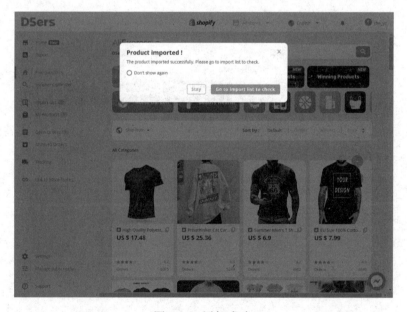

图 5-27　添加成功

选择 Import List 项，会显示刚才添加的产品信息，如图 5-28 所示。

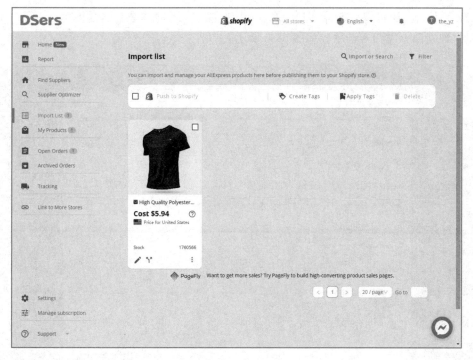

图 5-28　导入列表

使用类似的方法，找到所有感兴趣的产品添加到导入列表中，然后勾选需要导入到 Shopify 独立站中的产品，单击图 5-29 中的"Push to Shopify"按钮，将选中的产品导入。

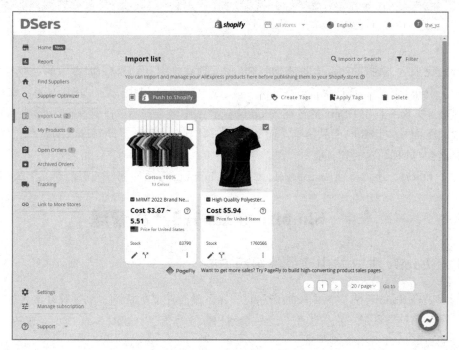

图 5-29　导入的产品

第 5 章　Shopify 独立站的选品和上架

在导入时，还可以设置导入的 Shopify 独立站，缺货时是否继续售卖，以及是否在 Shopify 独立站上发布等选项，如图 5-30 所示。

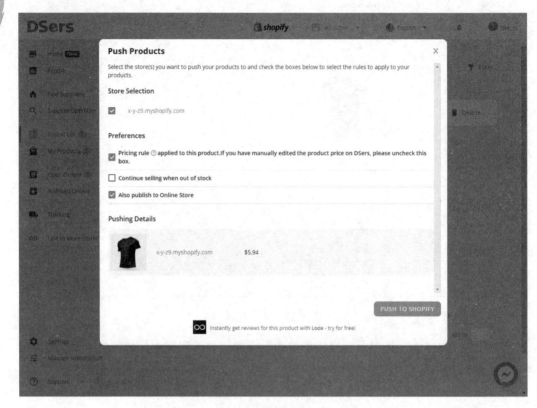

图 5-30　导入设置

导入完成后，选择的产品会被添加到 Shopify 独立站中，由于导入时设置的是在 Shopfiy 独立站上发布，因此，该产品能在 Shopify 独立站的销售渠道中销售，其状态为"Active"。

至此，实现了利用 DSers 插件在 Shopify 独立站中上架产品。利用该插件我们可以直接从速卖通上面导入想要的产品信息，而不需要一个个手动添加，同时导入的是产品的完整信息，这样可以节省大量时间。

除了 DSers，还可以使用 Spocket、CJDropshipping 等插件完成相似的产品上架工作。

5.4　Shopify 独立站的产品管理

5.4.1　Shopify 独立站中产品的组织方式

当我们在 Shopify 独立站中添加产品时，除了设置产品的标题、描述等基本属性之外，还可以在产品整理区域中设置类型、产品系列和标签等信息，如图 5-31 所示。这些信息将帮助我们更好地组织和管理产品。

图 5-31　产品信息

1. 类型

类型提供产品的相关详细信息以帮助客户找到他们要购买的商品，并可帮助卖家将 Shopify 独立站中的产品进行分类整理。每种产品只能有一种标准化产品类型和一种自定义产品类型。产品类型不是必填项，但它们很有用。

标准化产品类型是产品的预定义类别。可以帮助我们在 Shopify 中更好地管理产品。可以将标准化产品类型用作自动生成的产品系列的条件，或者用于帮助筛选产品列表。此外，通过使用标准化产品类型，可以在其他需要标准化产品类型的渠道（例如 Facebook）中更轻松地销售产品。若要使用标准化产品类型，需要从 Shopify 产品分类中选择一种，如图 5-32 所示。

Shopify 独立站中的产品类型和产品是一对多关系，一个类型可以包含多种产品，但一个产品只能有一个类型，这样简单容易理解。但其实这种设计也会带来一些问题，如西红柿应该放到水果类型还是蔬菜类型的这种问题

图 5-32　标准化产品类型

就比较难以解决。而现实中，无论如何精心的规划产品类型，都会出现一个产品既属于 A 又属于 B 的情况。

为了解决的问题，Shopify 独立站提供了产品系列来解决一个产品只能有一种类型的限制。产品和产品系列是多对多关系，使用更为灵活。

2. 产品系列

添加产品时，可以设置产品系列（Collections），通过产品系列，可以将 Shopify 独立站中满足一定条件的产品放在一个系列里面，相比我们平常网上购物看到的导航栏来说，功能更加强大，使用起来也更加灵活，其显示如图 5-33 所示。

图 5-33　产品系列

通过将产品分组到产品系列中，可以帮助卖家能更轻松地按类别进行产品查找。以下是常用产品系列示例。

- 男士、女士或儿童服装。
- 某种类型的商品，如灯具、靠垫或地毯。
- 打折商品。
- 某个尺寸或颜色的商品。
- 季节性产品，如节日贺卡和装饰品。

我们可以通过选择产品类目下的产品系列来新建和设置产品系列，其新建界面如图 5-34 所示。

图 5-34　创建产品系列

如想针对夏季进行某些产品的促销，就可以设置夏季促销产品系列，输入标题、描述等信息，然后选择产品系列类型为手动，效果如图 5-35 所示。

图 5-35　手动设置产品系列

由于新建的是手动类型的产品系列，因此需要在创建该产品系列后需要手动选择产品并添加至该产品系列。在产品区域中通过搜索或者浏览来选择需要添加的产品，还可以对这个产品列表按照销量、标题、价格、上传时间进行排序，也可以选择手动对产品进行排序。设置的排序决定了 Shopify 独立站前台的产品排序。需要注意的是，如果按照畅销进行排序的话，是按照最近 30 天的销量计算的，而不是总的销量计算的。并且多属性/变体产品不是按照所有的变体销量总和来进行排名比较的。另外，排名每个星期都会更新一次。产品的添加和排序是自动保存的，设置如图 5-36 所示。

也可以选择产品系列类型为自动，此时会依据设置的筛选规则将所有满足条件的产品自动添加到这个产品系列中。筛选条件可以由多个规则组成，各个规则可以是"或"的关系，只要满足其中任意条件即可，也可以是"与"的关系，只有同时满足所有的规则的产品才能被添加到对应的产品系列中。为产品系列创建的筛选规则不仅适用于所有已经发布的产品，对新上传的产品也同样适用，新产品会以已有的规则自动归类到各个符合条件的产品系列中。

例如，新建产品系列上衣，设置产品系列类型为自动，规则为产品类别等于 T 恤，就会自动将所有类别为 T 恤的产品归入上衣产品系列，如图 5-37 所示。

经过上述操作，结果如图 5-38 所示。从该图中可以看到短袖 T 恤的产品系列为主页、夏日促销和上衣。

第 5 章　Shopify 独立站的选品和上架

图 5-36　手动选择产品

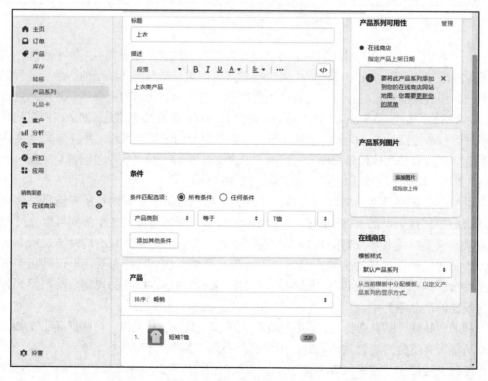

图 5-37　设置选择产品条件

图 5-38 设置效果

其中主页是新建产品的缺省产品系列,夏日促销是手动产品系列,上衣是自动产品系列。短袖 T 恤这个产品就属于三个产品系列,这样就使得我们可以根据需要利用产品系列灵活管理产品。

3. 标签

随着 Shopify 独立站的运行,其中的客户、产品和订单等信息越来越多,难以管理。此时,就可以为这些对象通过添加标签来实现分类,从而更好地进行搜索和筛选,提升 Shopify 独立站的管理效率。

Shopify 独立站提供了多种的标签分类,可以对产品、订单、客户和博客文章等多种对象进行分类,下面介绍具体的标签分类及操作。

- 产品标签:为产品添加标签之后,如果客户的搜索词与产品标签匹配时,带有该标签的产品会显示在搜索结果中。每种产品最多可以添加 250 个标签。
- 转移标签:添加转移标签之后,可以在任意转移详细信息页面中查看所有转移标签,在转移页面上按标签筛选转移。
- 订单标签:在特定订单的详细信息页面上添加和删除此订单的标签,在订单页面上按标签筛选订单。
- 草稿订单标签:当通过草稿订单创建订单时,此草稿订单的标签将转移并添加为订单标签。
- 客户标签:可以从任何客户详细信息页面查看所有客户标签,在客户页面上按标签

第 5 章　Shopify 独立站的选品和上架

筛选客户。
- 博客文章标签：在博客文章页面上按标签筛选博客文章。

我们可以利用产品标签来对 Shopify 独立站中的产品进行分类和管理。例如，在夏季结束时，我们可以在产品页面中搜索带有"夏季"标签的产品，然后使用批量操作在销售渠道中隐藏它们。

选择产品后，在产品详细页面中可以看该产品的所有标签。可以单击"管理"按钮，如图 5-39 所示的管理标签界面中管理标签。

图 5-39　管理标签

可以选择标签或者搜索标签，如果没有搜索结果，则可以将搜索关键字作为新标签添加，如图 5-40 所示。

图 5-40　添加标签

Shopify 独立站的各类标签可以帮助卖家更好地管理店铺的产品、客户和订单等对象，建议卖家要根据实际情况做好标签分类，这样才能避免分类混乱，更好地发挥标签的作用。

在 Shopify 独立站后台设定的标签，客户在 Shopify 独立站前台是看不到的，所以不用担心会产生不必要的影响。

在上述 Shopify 独立站的产品组织方式中，我们要特别注意产品系列。如果 Shopify 独立站卖家在上传的产品不属于任何的产品系列，则客户会很难在该 Shopify 独立站上找到该产品，甚至是无法找到该产品。

5.4.2　Shopify 独立站的产品管理方法

默认情况下，产品列表是按产品名称的字母顺序（从 A 到 Z）进行排序。如果要整理产品列表，并在跨多个页面的列表中查找产品，可以对产品列表进行排序、筛选和搜索，如图 5-41 所示。

图 5-41　产品管理界面

1. 排序

可以对产品进行排序，如图 5-42 所示。

排序方式主要有产品标题、创建日期、更新日期、库存和产品类型。

排序会影响产品在 Shopify 后台中的顺序，但不会影响在线商店中的产品顺序。可以对产品列表进行排序以帮助查找需要更新或查看的产品。例如，若要查看哪些产品的存货较少，可以按库存对产品列表进行排序。

2. 筛选

默认情况下，所有产品都列在产品区域中。可以通过设置筛选列表以显示符合条件的产品子集。单击"更多筛选条件"按钮可以显示所有的筛选条件，如图 5-43 所示。

筛选的产品列表可帮助我们找到需要编辑、查看或更新的特定产品。可用的筛选选项如下所示。

- 产品供应商：筛选来自选定产品供应商的产品。
- 标签：筛选具有特定标签的产品。
- 状态：筛选状态为活跃、草稿或存档的产品。
- 供货情况：筛选销售渠道。
- 产品类型：筛选属于选定产品类型的产品。

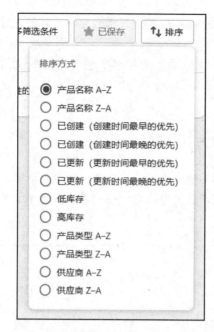
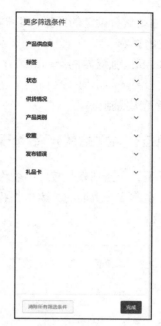

图 5-42　产品排序图　　　5-43　筛选条件

- 收藏：筛选特定的产品系列。可以选择和搜索产品系列。
- 发布错误：如果使用在线商店以外的销售渠道，则会在选择的销售渠道上显示出现发布错误的产品。
- 礼品卡：筛选适用于在线商店的礼品卡产品。

如销售的是服装并且只想查看T恤的列表，则可以按产品类型"T-shirt"进行筛选。产品列表中随即将仅显示此类产品，便于查看和更新这部分产品。

如果添加了多个筛选器，则仅显示符合所有条件的产品。

3. 搜索

使用产品页面上的搜索栏，按产品标题、描述或标签中包含的字词来查找产品。在筛选产品的搜索框中输入搜索词。产品列表会自动刷新，以仅显示产品标题、描述和标签中包含这些词的产品。图 5-44 显示了查找关键词李宁的结果。

图 5-44　搜索产品

本 章 小 结

本章介绍了 Shopify 独立站选品的基本思路和方法,以及产品上架的方式和产品的基本管理方法。其中手动上架产品是基础,即使是利用插件上架产品也要了解整个手动上架的过程,以便我们在修改参数时知道该如何修改。

思 考 题

1. 分析什么样的品类适合独立站。
2. 产品上架时,需要考虑哪些受众因素?

即 测 即 练

自学自测　扫描此码

第6章 Shopify独立站的扩展设置

在前面的章节中,我们已经对 Shopify 独立站进行了基本设置,已经能够实现产品的展示。接下来,为了获得更好的运营效果,还需要进行扩展设置。

6.1 Shopify 独立站的折扣设置

折扣是 Shopify 独立站提供的一种有效营销策略,是运营 Shopify 独立站提高转化率的重要手段。

6.1.1 折扣类型

Shopify 独立站提供了两种折扣方式。
- 折扣码:需要客户手动输入到结账界面的折扣框中使用,也就是手动折扣码。
- 自动折扣:无须客户做任何操作,只要满足 Shopify 独立站设定的折扣码条件,就自动应用在结账页面的折扣码。

我们可以根据需要进行设置折扣。进入 Shopify 独立站后台,选择折扣,将会显示如图 6-1 所示的折扣设置界面。

图 6-1 折扣界面

单击"创建折扣"按钮,在弹出的如图 6-2 所示的界面中选择折扣类型来创建折扣码。

图 6-2 折扣类型

由上图可以看出，我们可以设置以下四种类型的折扣。
- 产品降价金额：针对特定产品或者产品系列设置的折扣。
- 订单降价金额：针对订单的金额或者购买产品数量设置的折扣。
- 买 X 得 Y：当购买 X 满足折扣条件时，免费或者优惠获得 Y。
- 免运费：当满足折扣条件时，免除运费。

其中前三种折扣的形式可以是折扣码或自动折扣，而免运费的折扣形式只能是折扣码。

6.1.2 折扣的创建

不同类型的折扣的创建方法不同，下面介绍各种类型折扣的创建方法。

1. 产品降价金额

选择"产品降价金额"类型，创建产品降价金额类型的折扣，如图 6-3 所示。

创建折扣时候，要注意以下事项。
- 折扣码不能与自动折扣同时使用。
- 折扣码可应用于多达 100 种特定产品和多属性。
- 每个商店最多可拥有 20 000 000 个唯一的折扣码。
- 为确保将折扣码名称正确添加到结账 URL 中，不要在折扣码名称中使用特殊字符。
- 产品系列中不能仅包含产品的某个多属性，如果将某产品多属性添加到折扣产品系列中，则该折扣将应用于该产品的每个版本。

- 如果创建的折扣包含开始和结束时间，这些时间将取决于 Shopify 独立站后台选择的时区。

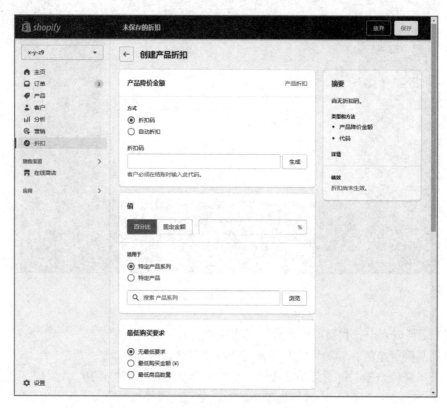

图 6-3　产品降价金额

1）折扣方式

首先，需要选择折扣的方式是折扣码还是自动折扣，如图 6-4 所示。

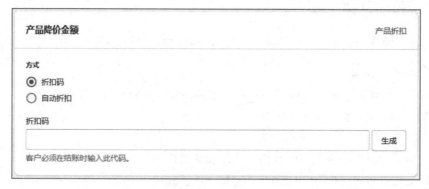

图 6-4　折扣方式

- 折扣码

如选择折扣码方式，则折扣码可以由卖家自己输入设置，也可以单击"生成"按钮使用系统生成的折扣码。可以根据个人习惯和使用场景来决定是使用自己设置的折扣码还是使用系统生成的折扣码。客户需要在结账时输入正确的折扣代码才能获得折扣，如图 6-5 所示。

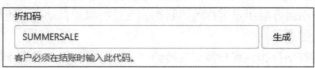

图 6-5　折扣代码

如果是用于显示在 Shopify 独立站的主页上，或者客户注册邮箱之后发送的折扣码，建议使用简单易记的折扣码。例如，卖家想提供一个最近一周可用的 9 折的折扣码给所有的 Shopify 独立站访问者以及提交了邮箱的客户使用。那么就可以设置折扣码"10%"，这样简单好记且方便客户使用。然后把这个折扣码放到商店前台的顶部栏中告知客户。当然，在产品定价和利润核算的时候，折扣优惠要作为费用考虑进去。

另外，如果是用于和网红及博主合作推广的折扣码，可以使用推广者的名字或者网站名字作为折扣码。这样推广者可以利用带有个人信息的折扣码进行营销涨粉，而 Shopify 独立站卖家也可以收获更多的订单，达到双赢的效果。同时还可以根据这些折扣码带来的销售额，给推广者利润分成。

通常只有折扣比较大的时候，才会用到系统自动生成的相对比较复杂的折扣码，图 6-6 所示的就是由系统自动生成的折扣码。

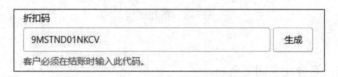

图 6-6　系统生成折扣码

这些相对复杂的折扣码虽然不容易记忆，但是可以防止客户破解折扣码。如，有些客户看到 9 折的折扣码是"10%"，可能会输入"50%"看能不能半价。

- 自动折扣

与手动折扣码不同的是，当卖家设置了自动折扣码之后，Shopify 独立站会依据设置的条件来判断要不要给客户打折，只要满足设置的条件，就会自动打折。因此相比于折扣码需要客户手动复制粘贴输入操作，自动折扣码能自动完成折扣，体验更好，如图 6-7 所示。

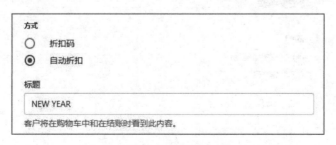

图 6-7　自动折扣

注意：自动折扣码的标题会在结账界面中显示，所以，在书写上要规范，以易于理解，建议要么单词字母全部大写，要么首字母大写。

如果 Shopify 独立站中有生效的自动折扣，并且客户还使用折扣码，那么，系统会自动将最优折扣或折扣组合应用于客户的购物车。无论折扣是自动折扣还是折扣码，系统始终会为客户选择最优折扣。

若要正确应用自动折扣，客户需要在转到结账页面前将所有符合条件的商品添加到购物车中。

2）值、适用对象和最低购买要求

接下来需要选择折扣的值和适用范围，如图6-8所示。

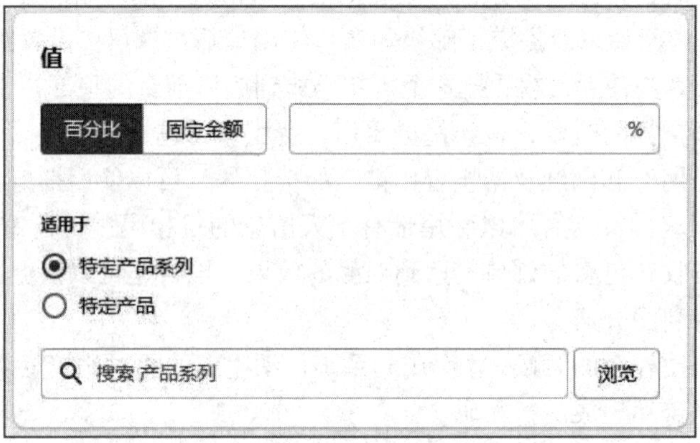

图6-8　折扣设置

- 值

折扣值可以是百分比和固定金额。

百分比折扣：如选择类型为百分比，就需要在"值"中输入具体的折扣比例。注意，如果打8折要输入的值是20。因为这里的折扣值表达的是减多少，打8折就意味着在原价的基础上减去了20%，所以值是20。如果"值"中填写的是80，那么客户将会享受2折的折扣，如图6-9所示。

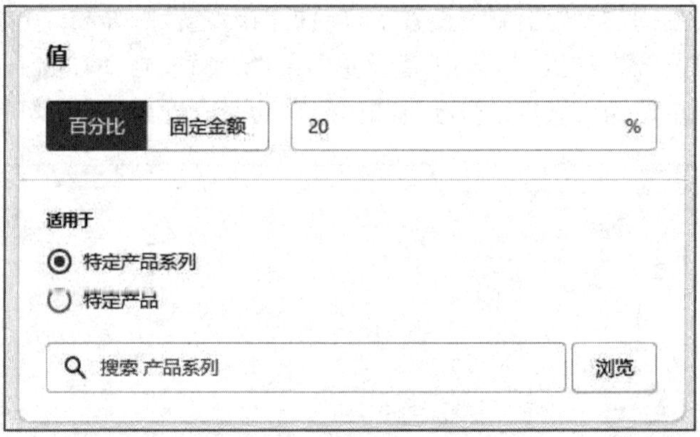

图6-9　百分比

固定金额折扣：如选择类型为固定金额，需要在"值"中输入折扣金额，这样满足折扣条件时，直接折扣该金额，如图 6-10 所示。

图 6-10　固定金额

- 适用对象

接着需要确定折扣的适用范围，从而设置折扣是所有的产品都可以使用还是只有特定的某些产品系列或者某些特定产品可以使用。

如需要设置针对夏日促销产品的折扣，即对于属于夏日促销系列的产品才可以使用 8 折折扣码，那么就首先要设置好夏日促销的产品系列，然后设置促销的条件，并筛选出网站上所有满足条件的产品将其归于夏日促销产品系列中，然后选择适用于特定产品系列。效果如图 6-11 所示。

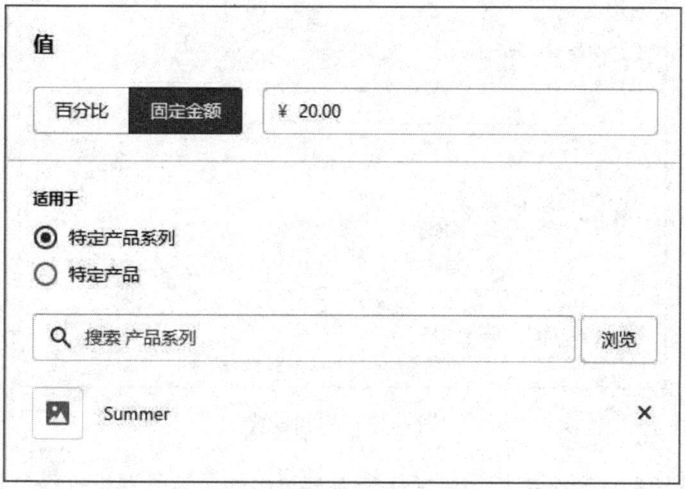

图 6-11　产品系列折扣

也可以设置折扣适用于特定产品，搜索或者浏览选择相应的产品，然后添加，效果如图 6-12 所示。

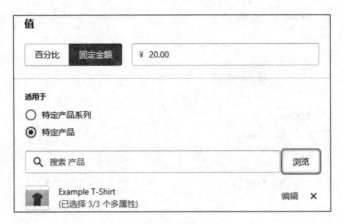

图 6-12　特定产品折扣

如果折扣设置为应用于所有产品，那么此折扣将按比例应用于购物车中的所有商品。如对购物车中一件 50 元和一件 100 元的商品使用 30 元的折扣，那么第一件产品优惠 10 元，第二件产品优惠 30 元。

当使用固定金额折扣码时，请勾选"每个订单仅应用一次折扣"，这样客户的每个订单只能使用一次折扣金额。否则，折扣将应用于订单中的所有符合条件的产品，如图 6-13 所示。

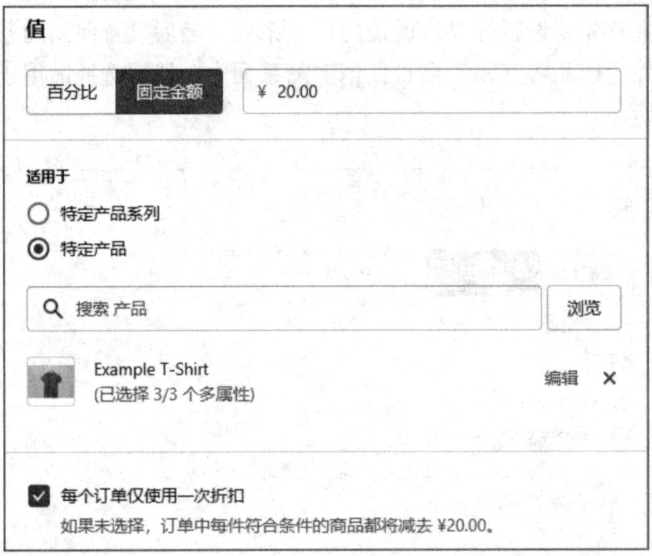

图 6-13　折扣设置

注意：百分比和固定金额折扣只适用于对订单中的产品的费用进行打折，而不适用于运费。如想提供免运费服务，则需要创建免运费折扣。

- 最低购买要求

还可以设置折扣的最低购买条件，从而限制使用折扣的最低购买要求，当选择折扣码时，其最低购买要求如图 6-14 所示。

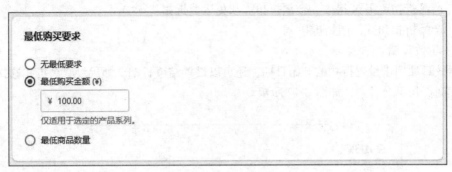

图 6-14　最低购买要求

在最低要求中，可以选择：
- 无：不设置折扣的最低条件。
- 选择最低购买金额：要求客户须达到最低消费金额才能享受折扣。如果折扣应用于特定产品或产品系列，则只有这些产品会计入最低购买金额。
- 最低商品数量：要求客户须购买最低产品数量才能享受折扣。如果折扣应用于特定产品或产品系列，则只有这些产品会计入最低购买数量。

当选择自动折扣时，其最低要求如图 6-15 所示。

图 6-15　最低购买要求

3）组合

对于某些促销活动，可能希望允许客户组合折扣。可以从符合条件的组合中进行选择，使客户基于购物车获得最优折扣。可以设置要组合的自动折扣和折扣码，如图 6-16 所示。

图 6-16　折扣组合

第 6 章　Shopify 独立站的扩展设置

将折扣设置为可组合时,我们可以选择可组合的折扣等级。折扣等级与折扣类别类似。可以组合以下等级的折扣。

- 订单折扣和免运费折扣。
- 产品折扣(买 X 得 Y、金额折扣)和免运费折扣。
- 产品折扣和其他产品折扣。

4)生效日期

生效日期用于设置折扣的开始日期,还可以设置结束日期,如果没有为折扣选择结束日期,则折扣不会过期,如图 6-17 所示。

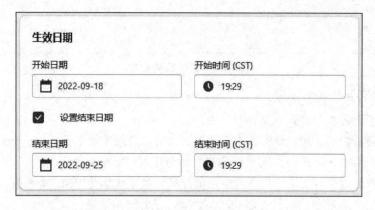

图 6-17 生效日期

此外,当选择折扣为折扣码方式时,还有一些额外的设置选项。

- 客户资格

客户资格中选择此折扣适用的对象,可以是每个人、特定客户细分或特定客户,设置界面如图 6-18 所示。

图 6-18 客户资格

客户资格用于设置哪些客户可以使用这个折扣码。默认的是所有人都可以使用。我们可以给客户分组(在客户项中设置),然后选择特定客户细分来设置设定某一特定的客户组才能享受折扣,或者选择特定客户来设置某几位特定的客户才能享受折扣。

- 最大折扣使用次数

最大折扣使用次数用于设置使用折扣码的限制条件,如图 6-19 所示。

图 6-19　最大折扣使用次数

- 限制此折扣可使用的总次数：可设置折扣可以使用的总次数。例如，将限制次数设置为 10，允许该折扣码在客户群中总共可以使用 10 次。
- 每位客户限使用一次：限制每个客户只能使用一次该折扣，可通过跟踪客户的邮箱或电话号码，以限制每位客户仅使用一次折扣。

2. 订单降价金额

订单降价金额类型和产品降价金额类型的折扣设置方法类似，如图 6-20 所示。

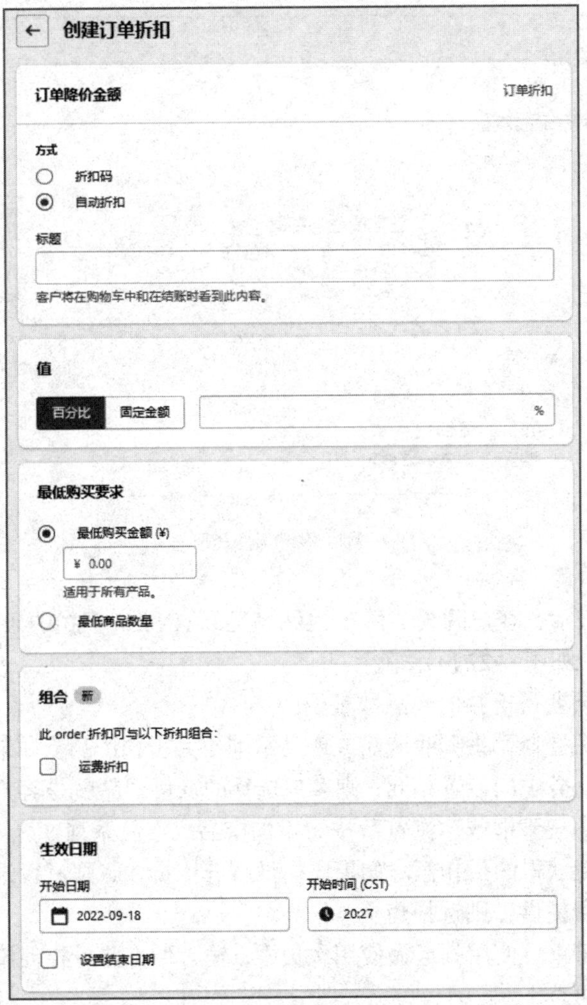

图 6-20　订单降价金额

但是由于订单降价金额类型折扣只根据订单金额来计算折扣，因此不需要针对产品或者产品系列来设置适用范围，它本来就对所有产品适用。

3. 买 X 得 Y

买 X 得 Y 折扣可以激励客户购买产品并给以奖励。可以使用此类折扣促销活动来提升销量及清理库存。

买 X 得 Y 折扣除了常规的折扣设置之外，还需要设置"客户购买"和"客户获得"两部分：

客户购买部分，如图 6-21 所示。
- 在最低商品数量或最低购买金额中，选择要获得折扣资格客户必须购买的产品数量或花费的金额。
- 在产品来源中，选择要将哪些产品或产品系列作为符合条件的产品。可以使用搜索框或"浏览"按钮添加产品或产品系列，如图 6-21 所示。

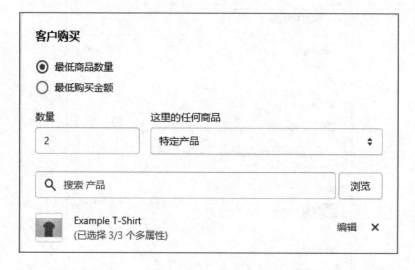

图 6-21　客户购买部分

上图中的设置表示，客户购买 2 件 T 恤就满足买 X 得 Y 折扣的条件。

客户获得部分，如图 6-22 所示。
- 数值中设置要获得折扣的产品数量。
- 在产品来源中选择要将哪些产品或产品系列作为折扣产品。如果该产品或产品系列与客户购买部分中的设置相同，则客户选择的低价产品就是客户以折扣价获得的产品。可以使用搜索框或"浏览"按钮添加产品或产品系列。
- 折扣额中设置获得的折扣额。如果要提供百分比折扣，则可以选择百分比并输入费率；如果免费提供，则选择免费。
- 在设置每笔订单可使用的最大使用次数中，输入可将此折扣促销应用于某一订单的最大次数（可选）。

图 6-22　客户获得

上图中的设置表示当客户购买了 2 件 T 恤时可以免费赠送一顶帽子,而且每个订单最多赠送一顶。

在设置买 X 送 Y 类型的折扣码时一定要注意使用条件,只有当 X 和 Y 同时加入购物车后该折扣码才有效,如果购物车只有其中任意一个产品,则该折扣码无法使用。因此,在使用此类折扣码时,务必要跟客户讲清楚折扣码的使用条件是两个产品同时加入购物车才可以使用,防止出现理解上的偏差导致订单出现问题,甚至客户投诉的发生。

4. 免运费折扣

如选择折扣类型为免运费,则其折扣方式只能是折扣码,不能是自动折扣。如图 6-23 所示。

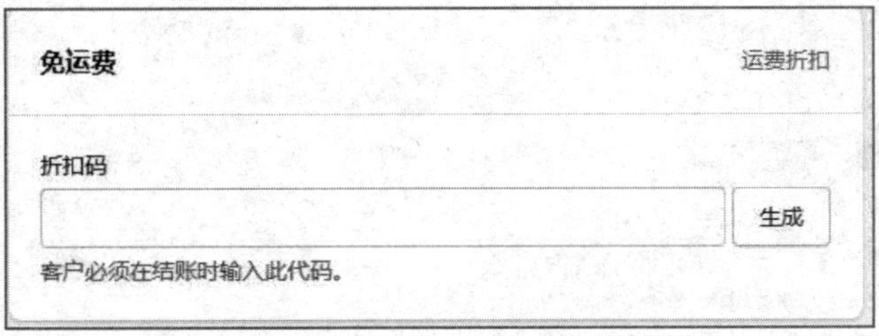

图 6-23　免运费折扣

对于免运费折扣,除了常规的折扣设置外,需要选择免运费的区域范围,以及免运费的限制条件,效果如图 6-24 所示。

第 6 章　Shopify 独立站的扩展设置

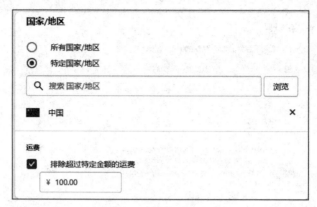

图 6-24 免运费折扣

当运费比较高而无法实现免运费时,就需要选中"排除超过特定金额的运费"并在该字段中输入该金额,此金额与运费有关而与订单金额无关。

免运费折扣不会自动应用于订单。客户需要在结账时输入代码才能获得折扣。如需要根据订单价格自动为客户提供免运费,就要在 Shopify 后台的"设置"中的"发货和配送"中设置免运费费率。

折扣码设置好之后,会显示该折扣的基本信息,如折扣码、折扣类型和额度、使用条件,有效期和被使用次数等信息,折扣码示例如图 6-25 所示。

图 6-25 折扣码信息

自动折扣示例如图 6-26 所示。

图 6-26　自动折扣信息

当折扣设置完成后，新建的折扣将显示在 Shopify 独立站后台的折扣设置中，如图 6-27 所示。

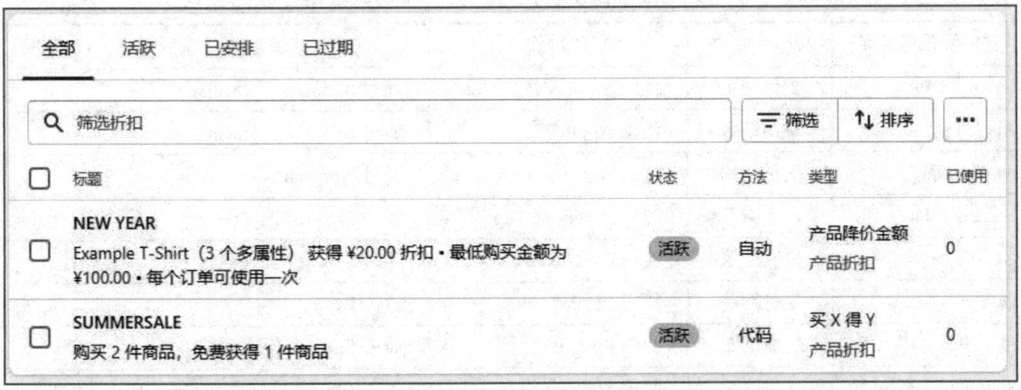

图 6-27　折扣码列表

第 6 章　Shopify 独立站的扩展设置

对于折扣码，可以通过电子邮件发送给客户，或将其显示在商店中，客户在结账时输入折扣码以获得折扣。

折扣的设置方法取决于 Shopify 独立站的销售产品、目标客户以及希望创造的品牌体验。如果客户倾向于在结账页面看到的价格是已经打完折，就可以设置自动折扣；如果客户更喜欢在结账页面输入折扣码然后再进行支付，就可以设置折扣码。

自动折扣可以减少支付步骤，提高转化率。但是客户可能不会觉得他们得到了一个独家的或定制化的折扣。如果系统不提示折扣的有效时间，客户在购买时并不会产生紧迫感来促使他们尽快完成付款。

折扣码可以在客户心中产生排他性的感觉。针对特定的客户群体使用独特的折扣码，可以与客户建立亲密、个性化的品牌体验，同时也会释放一种真正了解客户和目标市场的信号。同时，折扣码可以防止产品过度打折（也就是防止折扣叠加）。但是，客户必须手动输入折扣码才能获得折扣，由于增加了输入折扣码的步骤，可能会出现客户输入错误或者觉得繁琐而弃单的情况。

6.2 Shopify 独立站的收付款设置

卖家可以使用 Shopify 后台中启用多种付款方式，这样当客户结账时可以根据需要选择卖家所启用的付款方式来支付自己的订单。

卖家需要根据目标市场的客户习惯来选择启用哪些付款方式，如果客户习惯使用信用卡付款，就可以使用 Shopify Payments 或第三方信用卡服务提供商；如果客户习惯在线支付，就可以启用 PayPal、Facebook Pay、Amazon Pay 和 Apple Pay 等；此外，还可以启用加密货币之类的付款方式。

不同地区能够使用的付款服务存在区别，因此在选择支付服务提供商时，需要考虑目标市场和客户所在的国家以及地区。表 6-1 显示了不同国家/地区可用的支付服务以及它们支持的货币类型。

表 6-1 各种支付服务商及客户付款方式和卖家获得付款的方式

支付服务提供商	提供商类型	客户的付款方式	卖家获得付款的方式
Shopify Payments	支付网关	使用 Shopify Payments	通过 Shopify Payments
Apple Pay	快捷结账	使用 Apple Pay	通过 Shopify Payments
Amazon Pay	支付网关	使用 Amazon Pay	通过 Amazon
Facebook Pay	快捷结账	使用 Facebook Pay	通过 Shopify Payments
Google Pay	快捷结账	使用 Google Pay	通过 Shopify Payments
PayPal	支付网关	使用 PayPal	通过 PayPal
Shop Pay	快捷结账	使用 Shop Pay	通过 Shopify Payments
Shop Pay 分期付款	支付网关	使用 Shop Pay	由 Affirm 支付，来自 Shop Pay 分期付款

在 Shopify 后台中选择"设置",然后选择设置界面中的"收款"选项,就可以设置 Shopify 独立站的收款方式,如图 6-28 所示。

目前 Shopify（Payment Providers）的收款方式主要有以下几种。

- Shopify Payments。
- PayPal。
- 信用卡（Credit Cards）。
- 其他方式（Alternative Payments）。
- 手动付款（Manual Payments）。

图 6-28　收款方式

下面分别对这些收款方式进行介绍。

1. Shopify Payments 收款方式

Shopify Payments 目前开放的国家和地区有澳大利亚、加拿大、德国、爱尔兰、日本、新西兰、新加坡、西班牙、英国和美国,内地无法采用 Shopify Payments 进行收款。与其他收款方式相比,Shopify Payments 的最大好处是可以节省手续费。采用 Shopify Payments 只收取店铺月租费和信用卡费率。

若果采用其他付款方式,将会多收一笔交易手续费,根据店铺的月套餐有不同费率。当前,对月套餐 20 美元、49 美元和 299 美元分别收取 2%、1% 和 0.5% 的费用,具体费用有可能调整，以 Shopify 最新规定为准。

2. PayPal 收款方式

PayPal 收款应该是必不可少的选择之一。但现在针对小型卖家需要使用 PayPal 的商业账户（Business Account）才能正常收款，如果卖家是个人账户，必须切换商业账户。

采用 PayPal 收款方式后，需要支付 shopify 店铺月租、信用卡费率、交易手续费。进入 PayPal 官网可查看最新费率，交易手续费根据店铺套餐类型进行收取。

3. 信用卡（Credit Cards）收款方式

Shopify 信用卡收款方式主要有 2Checkout:、ALLINPAY、Asiabill、CyberSource、HiTRUST、MOLPay、Oceanpayment、PayEase 和 PingPongPay 等。采用此种方式进行收款时也需要支付相应的信用卡服务费，各公司收取的信用卡费率可至其官网进行查询。

4. 其他方式（Alternative Payments）

Shopify 还提供 Alipay Global、BitPay、PayDollar、PUT IT ON LAY-BUY、Sezzle、Coinbasecommerce、Coinbasecommerce、EBANX 等付款方式，主要用于支持一些第三方钱包支付解决方案。

5. 手动付款（Manual payments）

手动付款支持常见的手动付款方式，如银行转账、Cash on Delivery (COD) 货到付款和汇票等。

可见，Shopify 独立站集成了多种收款方式，卖家可以根据 Shopify 独立站的所在地区以及目标市场和客户区域进行选择，最好多选择几种方式，这样客户在结账时可以根据喜好进行选择，增加成交量，但要弄清不同收款方式的作用和区别。

6.3　Shopify 独立站的在线商店设置

在第 4 章的基础设置中已经对在线商店（Shopify 独立站前台）做了基本的设置，这里我们继续介绍在线商店其他方面的设置。

6.3.1　页面设置

与平台站相比，Shopify 独立站由于使用的是独立的域名和网站，所以相比而言，更需要获得客户的信任才能更好地开展跨境电商活动，于是需要我们完善 Shopify 独立站中的相关页面，从而增加客户的信赖。

1. "联系我们"页面

进入 Shopify 后台，选择"在线商店"下的"页面"，可以看到当前已有的页面，如图 6-29 所示。

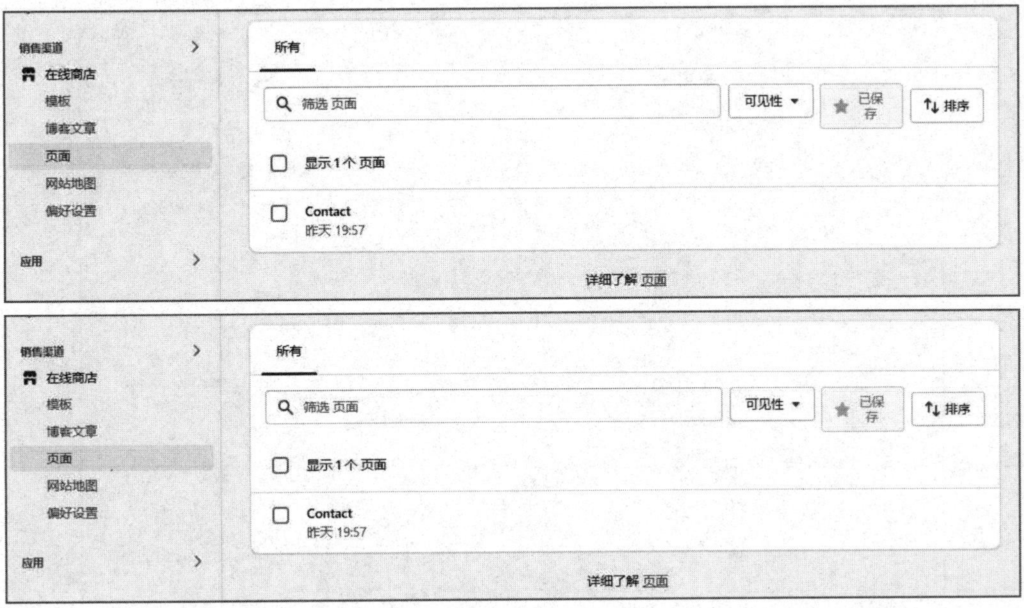

图 6-29 页面设置界面

单击"联系方式"可以进入页面编辑界面，如图 6-30 所示。

图 6-30 页面编辑界面

可以在内容中输入提示信息，如图 6-31 所示。

第 6 章　Shopify 独立站的扩展设置

图 6-31　信息设置

当客户遇到问题时，可以通过"联系我们"页面，填写该客户的邮箱、姓名和文字内容后，Shopify 将会把问题内容发送至 Shopify 独立站的客服邮箱。这个页面是基于模板的 contact 样式来实现，如图 6-32 所示。

图 6-32　页面效果

2."关于我们"页面

还可以添加"关于我们"页面来介绍 Shopify 独立站。单击"添加页面"，出现页面添加界面,如图 6-33 所示。

图 6-33　添加页面

在标题中输入"关于我们",在内容中输入 Shopify 独立站的描述,可以根据自己 Shopify 独立站的情况,使用文字、图片以及视频的方式来进行呈现。

设计"关于我们"页面时可以将其分成以下三个部分来进行组织。
- 我们是谁。
- 销售什么。
- 为什么这么做。

选择模板样式"默认页面"。在编辑和预览没有问题后,设置该页面的可见性为"可见",也可以根据需要设置可见性日期在指定日期发布该页面。页面发布后客户就可以在 Shopify 独立站前台(在线商店)中看到该页面,效果如图 6-34 所示。

图 6-34　页面效果

6.3.2 网站地图

网站地图本质是一个记录文件，其中包含有关 Shopify 独立站及其所有网页的所有信息。可以通过网站地图来组织 Shopify 独立站的内容。

在线商店拥有两个显示在每个页面上的默认菜单：主菜单和页脚菜单。可以添加、删除或编辑在线商店默认菜单中的菜单项。

1. 主菜单

主菜单显示在在线商店的每个页面的上方。它通常显示为具有标头宽度的项，或者显示为侧边栏中的项列表。客户可以通过主菜单来查找产品或有关业务的信息，如图 6-35 所示。

主菜单有以下两个默认菜单项。

- 主页：在线商店的主页。
- 产品目录：显示所有产品的页面。

2. 页脚菜单

页脚菜单显示在页面的下方。通常显示为具有页脚宽度的项。客户可以通过页脚菜单来查找商店的政策信息和联系信息，如图 6-36 所示。

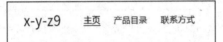

图 6-35 主菜单

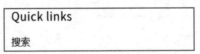

图 6-36 页脚菜单

可以在网站地图中对这些菜单项进行调整。

进入 Shopify 独立站后台，选择"在线商店"中的"网站地图"选项，如图 6-37 所示。

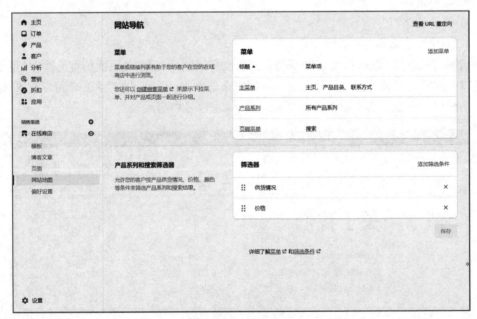

图 6-37 网站地图

上图显示了 Shopify 独立站的默认菜单设置。其中，主菜单包含了主页、产品目录和联系方式，而页脚菜单包含了搜索。

为了让网站看起来更专业，更值得客户信任，可以对其进行编辑。如需要将"关于我们"放在页脚菜单中，就可以单击"页脚菜单"打开编辑界面，如图 6-38 所示。

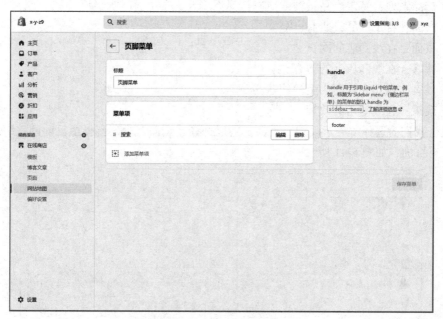

图 6-38　编辑页脚菜单

单击"添加菜单项"，结果如图 6-39 所示。

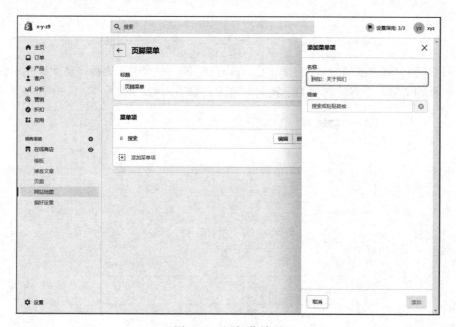

图 6-39　添加菜单项

第 6 章　Shopify 独立站的扩展设置

在名称中输入想要添加到页脚菜单中的页面。注意：如果是英文就要求全部字母都大写，或者首字母大写。然后在链接中选择需要的页面，如图 6-40 所示。

这里有以下链接对象。
- 主页：在线商店的主页。
- 产品系列：特定产品系列或所有产品系列。
- 产品：特定产品或所有产品。
- 页面：在线商店的网页。
- 博客：在线商店上的博客。
- 博客文章：在线商店上的博客文章。
- 政策：在线商店的政策。

由于我们要选择"关于我们"页面，所以选择"页面"后，会显示目前网站中可供选择的所有页面，如图 6-41 所示。

图 6-40　链接类型　　　　　　　图 6-41　选择链接页面

可以看到，前面添加的"关于我们"页面已经显示在其中，选择该页面，然后添加。这样，"页脚菜单"中将增加"关于我们"页面，如图 6-42 所示。

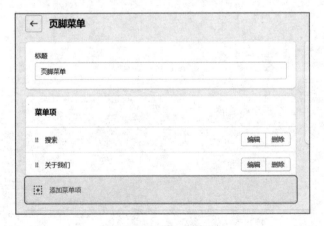

图 6-42　添加菜单项

保存菜单后，重新访问在线商店，在网站的下方页脚中将增加"关于我们"按钮（链接），如图 6-43 所示。

图 6-43　添加页面效果

使用类似的方法，我们就可以通过网站地图进一步完善在线商店。

6.3.3　偏好设置

在偏好设置中可以编辑在线商店的标题和元描述，添加跟踪代码以及启用密码页面。进入 Shopify 独立站后台，选择"在线商店"的"偏好设置"选项，如图 6-44 所示。

图 6-44　偏好设置

1. 标题和元描述

标题相当于 Shopify 独立站在搜索引擎中的代号，建议标题中包含 Shopify 独立站的域名和最核心的关键词，元描述用于解释 Shopify 独立站的用途，建议包括域名和产品类目或者产品本身，这些会显示在搜索引擎结果中。可以使用描述性文本和关键字来提高在线商店的搜索引擎排名。

2. 社交分享图片

设置当 Shopify 独立站首页被分享到社交网站（如 Facebook）上时所显示的图片，如图 6-45 所示。

图 6-45　设置图片

3. Google Analytics

Google Analytics 可以跟踪在线商店的访客、访问和其他客户行为。注册 Google Analytics 账号后，就可以通过在 Shopify 独立站中设置 Google Analytics 来持续跟踪相关数据。

4. Facebook Pixel

与 Google Analytics 类似，可以更好地跟踪通过 Facebook 广告进入在线商店的客户的各种数据，以便分析 Facebook 广告营销的效果。

5. 客户隐私

设置界面如图 6-46 所示，可以根据目标市场来进行选择。

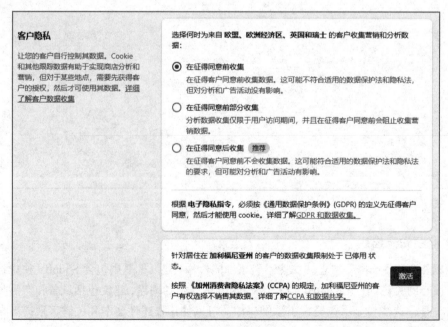

图 6-46　客户隐私

6. 密码保护

设置界面如图 6-47 所示，当正式开始后运营，支付了套餐费用后，就可以取消访问密码保护。

图 6-47　密码保护

7. 垃圾邮件保护

设置界面如图 6-48 所示，当勾选相应选项后，系统会对访客自动进行监测，如果系统认为访客有必要进行验证，则会利用"Google reCAPTCHA"提供一些问题让访客回答，从而鉴别访客是否机器人。

图 6-48　垃圾邮件保护

本 章 小 结

本章介绍了 Shopify 独立站的扩展设置，主要包括如何进行折扣设置，付款设置以及对 Shopify 独立站在线商店的设置，从而对其进行了进一步的完善。

思 考 题

1. Shopify 独立站运营中要特别注意哪些方面？
2. 在设置和扩展 Shopify 独立站时，需要考虑哪些问题？

即测即练

自学自测　扫描此码

第7章 Shopify独立站的采购与发货

构建好 Shopify 独立站以后，开始运营时需要做的事情很多，但其中最基本的工作是采购和发货，这是独立站运行的基本操作。接下来的内容将介绍 Shopify 独立站如何进行采购和发货。

7.1 Shopify 独立站的采购

7.1.1 Shopify 独立站的采购模式

对于 Shopify 独立站，根据其运行模式，可以采用不同的采购模式。Shopify 独立站的采购方法主要有两种模式。

1. 计划采购

卖家先采购备货（批量采购），再上架售卖。计划采购的优点是：
- 先采购再售卖，出单后能够快速发货；
- 批量采购，能从供应商那拿到更优惠的价格，降低采购成本；
- 由于对时效和产品质量有一定把控，客户满意度高，中差评风险低。

计划采购的缺点是：
- 压款周期长，对卖家资金要求更高；
- 容易造成库存积压，试错成本较高。

2. 见单采购

产品出单后再去采购产品发货，简称现采。见单采购的优点是：
- 出单后再采购，减少滞销风险，降低库存成本；
- 比较适合服装等需要快速上新快速迭代的产品；
- 对没有发货时限要求的独立站而言，可以有效降低成本。

见单采购的缺点是：
- 出单后需要快速采购，提高整体发货时效，对采购速度要求更高。

对于专门做快消品品类，对产品品质无太多要求且产品数量比较多的 Shopify 独立站卖家，推荐使用见单采购模式。

7.1.2 Shopify 独立站的采购渠道

当 Shopify 独立站进行采购时，一般可以从线上、线下及第三方这三个渠道来寻找货源进而进行采购。

1. 线上采购

我国作为世界制造工厂，而且电商也发展多年，可以通过各种电商平台在线找到 Shopify 独立站的货源。下面是一些常用的在线货源平台。

- 全球速卖通

全球速卖通（https://www.aliexpress.com）是阿里巴巴旗下的面向国际市场打造的跨境电商平台，被广大卖家称为"国际版淘宝"。全球速卖通面向海外客户，通过支付宝国际账户进行担保交易，并使用国际物流渠道运输发货。全球速卖通致力于服务全球中小创业者出海，让天下没有难做的跨境生意，快速连接全球超过 200 个国家和地区的消费者。全球速卖通是中国最大的跨境出口 B2C 平台，同时也是在俄罗斯、西班牙排名第一的电商网站。其首页如图 7-1 所示。

图 7-1　全球速卖通首页

Shopify 独立站卖家可以通过搜索产品关键字或者通过产品图片进行搜索，在搜索结果中通过产品的介绍和外观寻找适合自己需要的货源。

- 阿里巴巴

阿里巴巴（https://www.1688.com）是阿里集团的旗舰业务，是中国领先的小企业电子商务平台。为全球数千万的买家和供应商提供商机信息和便捷安全的在线交易，阿里巴巴以批发和采购业务为核心，通过专业化运营，完善客户体验，全面优化企业电子商务的业务模式。目前阿里巴巴已覆盖原材料、工业品、服装服饰、家居百货和小商品等 16 个行业大类，提供从原料采购、生产加工到现货批发等一系列的供应服务。其首页如图 7-2 所示。

Shopify 独立站卖家可以在阿里巴巴上搜索需要的产品，并和客服联系，询问是否可以先检查样本，在收到样本之后，检查产品实物的功能、外观和做工等是否能满足自己的需求从而确定自己的采购。同时，要对产品尺寸和重量进行测量和记录，这些数据将影响物流和运费。

图 7-2 阿里巴巴首页

此外，还有一些平台也可以作为线上采购的参考。

• 义乌购（https://www.yiwugo.com）

义乌购是线下义乌小商品市场的网上商城，入驻的商家既有在线下义乌小商品市场中开店的商家，也有其他商家，其首页如图 7-3 所示。

图 7-3 义乌购首页

• 生意网（http://www.3e3e.cn/）

生意网侧重于童装批发，为广大童装厂家和卖家提供高质量的贸易信息服务，其首页如图 7-4 所示。

第 7 章　Shopify 独立站的采购与发货

图 7-4　生意网首页

- 四季星座（https://www.571xz.com）

四季星座是杭州线下服装批发市场四季青的线上平台，其首页如图 7-5 所示。

图 7-5　四季星座首页

2. 线下采购

相比与线上采购，传统的线下采购方式可以直接看到产品，并且可以和供应商面对面沟通，具有自己独特的优势。

- 线下批发市场或展会

线下批发市场中的供应商绝大部分都是中间商,其中源头工厂相对并不多,中间商有时候也有好几级。在这样的线下市场中,购买方可以立即看到产品的品质,如果中间商有现货,那么可以节省从工厂到仓库的物流时间。但是这类线下批发市场对跨境电商卖家而言并没有太大的优势。

相比而言,中国进出口商品交易会(广交会)或者大的行业展会比批发市场更有价值,因为行业内的上下游企业,包括各个品牌商基本都会参加,可以在一个地方了解更多行业的信息。

- 源头工厂

线下采购最突出的优势就是找到源头工厂,这样在价格和品质上都更有保障。只是很多产品的源头工厂都分布在不同的省份、城市,甚至村镇中。如果 Shopify 独立站卖家所在的城市离源头工厂很近,或者订单量大,或者销售流水比较高,那么才可以支撑源头工厂采购的费用。一般来说,直接和源头工厂合作的都是大卖家,大卖家可以和源头工厂共同开发新品,或者进行定制而打造品牌,只有大卖家在这方面才有话语权。这也是为什么有时会发现某些产品,不管是在线上还是在线下,根本就找不到供应商,因为这些产品都独家供应给了特定大卖家。

3. 第三方采购

第三方采购指的是 Shopify 独立站卖家让第三方按照他的要求采购产品,并相应支付给第三方代为采购的费用。一般来说,需要第三方采购的卖家通常不在国内,这样就将需求发给国内的第三方(如代发货公司),第三方按照要求找到货源,并将产品采购存放在仓库中。

7.2 Shopify 独立站的发货模式

对于 Shopify 独立站,根据其货物的来源,可以有以下发货模式。

1. 从国内自发货

国内自发货是独立站卖家普遍采用的方式。独立站没有平台的强制发货时效限制,这种形式的缺点是到货时间相对长,主要目标客户是对时效性要求不苛刻的客户。但是也可以视情况进行分类,国内自发货的产品一般体积小、重量轻。对于利润较高的产品,可以走国际快递,这样大概 7 天时间签收;利润中等的可以使用 EMS 或者国际快递小包,大概 14 天左右时间可以签收;利润小的产品可以使用 EUB,一般 1 个多月时间能签收。

2. Dropshipping

Dropshipping 是无货源代发货,卖家先接受顾客的订单,收取款项,然后将订单转发给制造商,由制造商将商品直接发送给顾客。对于 Shopify 独立站,其实 Dropshipping 模式通常是在独立站上推广全球速卖通上的导入的产品,接受订单后,就转发给全球速卖通上的供应商,让供应商直接发货给客户。还有很多卖家选择与国外的供应商平台合作,可以从国外直接发货,可以这样客户体验就会更好一些。

3. 海外仓发货

海外仓适合大件商品。卖家支付仓储费来租用第三方海外仓,将货物通过海运批量发送到海外仓。收到订单后,从海外仓派送货物,这种模式,客户收货时间快,购物体验感好。一般独立站大卖家都会设置海外仓。

4. 亚马逊 FBA

亚马逊 FBA 即亚马逊物流服务,亚马逊将物流服务开放给第三方卖家,就像国内的京东物流一样。亚马逊可以将第三方卖家的库存纳入亚马逊全球的物流网络,为其提供拣货、包装以及终端配送的服务,亚马逊则收取服务费用。

卖家在亚马逊店铺里通过创建亚马逊 FBA 库存移除订单的形式,就可以从 FBA 仓库里调货,并且让亚马逊帮忙配送。或者多渠道配送,填写好客户的地址信息,亚马逊物流就会帮助配送。

5. 虚拟海外仓

虚拟海外仓是介于国内自发货和海外仓发货的模式。当独立站收到订单后,将贴上目的国物流运单的包裹打包,然后用 UPS 等国际快递空运到目的国,到了目的国以后,由兼职或者全职的清关人员拆开外包后,通过当地邮政发送给客户。这种模式好处是不用在国外压货,但是需要请当地的专业人员配合。

7.3 运费设置的基本原理

运费设置的前提是将不同的客户进行分组,分组条件包括地区、金额和运输方式等,当客户下单后,判断其满足哪一组的条件,进而选择相对应的运费金额。

在设定分组前,我们需要进行以下前期的准备工作。

- 了解发货渠道:了解发货地的物流渠道,拿到各个渠道的报价、发货要求和时效。
- 分析地区和运费金额:按照各个物流公司的运费和时效等,分析整理出产品是否能发货,能发的产品可以覆盖哪些国家,对应的运费是多少。
- 完成利润核算:根据运费成本综合考虑定价,例如想要设定包邮优惠,在产品定价时就要考虑运费成本。

通过以上工作,就能够明确现有的物流方式和运费成本,接下来就可以进行 Shopify 独立站的运费设置。

假设 Shopify 独立站共有两类产品:一类是从大陆发货的普通产品;另一类是从美国仓发货的特殊产品。

因为发货地不同导致发货成本的不同,所以可以把产品分为从大陆发货的一般运费组和从美国仓发的自定义运费组。

首先来看一般运费组,根据不同的地区划分为以下情况。

- 无条件免运费:这些地区的订单任意金额/重量都包邮。

- 有条件免运费：这些地区的订单只有满足指定金额/重量才能包邮。
- 规则运费：这些地区的订单根据金额/重量规则计算邮费。但是有些客户对运费比较敏感，设置规则运费可能会影响到他们的购买意向。
- 不发货/高运费：这些地区普遍客户较少且物流不便，但为了提高转化率可以设置较高的关于运费，客户下单后可以进行进一步沟通，实在无法发货也可以退款。

而针对物流时效，可以将运费名称分为 3 种：免邮、标准和加急。如果客户要求发加急件，也可以支付运费差价换成高时效的物流公司，相当于国内网购的补差价发顺丰快递。

基于这两个部分的内容，我们便能整理出来对应的国家和地区的运费标准。例如，无条件免运费国家为日本和韩国，有条件免运费为美国本土。

用同样的方法，我们再把从美国仓发货的自定义运费组的标准整理出来，就有了一份完整的运费标准，接下来，只需要根据这份标准进行设定就可以了。

7.4　Shopify 独立站发货和配送设置

卖家需要事先决定想要采用的发货方式，然后根据这些发货方式完成在线商店中的发货设置，这样让客户在结账时可以选择发货方式。

在 Shopify 独立站后台中"设置"下的"发货和配送"选项中可以设置其发货方式。Shopify 独立站提供了三种主要的发货方式，分别为发货、本地配送和到店取货，如图 7-6 所示。Shopify 独立站可以使用这些方式来交付产品。

图 7-6　发货方式

其中，最重要也是最常用的是发货方式，也就是卖家通过物流将产品配送给客户的方式。默认情况下，每个Shopify独立站都创建了一份发货预设，如图7-7所示。其中包含一般运费。对于运输设置较为简单的Shopify独立站，一般运费通常就已足够。如需管理存在不同运费和区域的产品和地点，就可添加发货预设来保持运费的准确性，并使运费易于管理。

图7-7　预设运费

7.4.1　一般运费

进入Shopify后台，选择"设置"下的"发货和配送"选项，如图7-8所示。

单击"发货和配送"中"一般运费"的"管理"按钮，对所有产品设置常规（默认）运输设置，如图7-9所示。

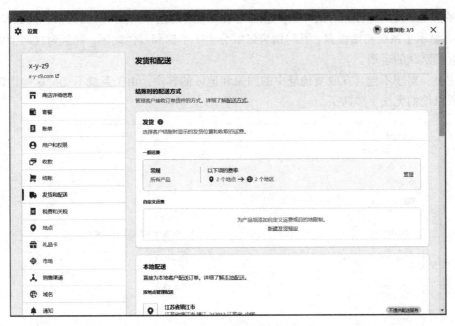

图 7-8 发货和配送

图 7-9 运费预设效果

第 7 章 Shopify 独立站的采购与发货

根据发货模式选择相应的"发货地址"。在"收货地址"中选择产品的销售国家和地区。图 7-10 显示了系统初始设置，其将销售区域分为了中国和其他地区，并且为这两个区域分别设置了默认的运费。

注意：对于不包含在收货地址中的国家和地区的客户，由于系统不支持这些地区的销售，所以他们无法下单购买。

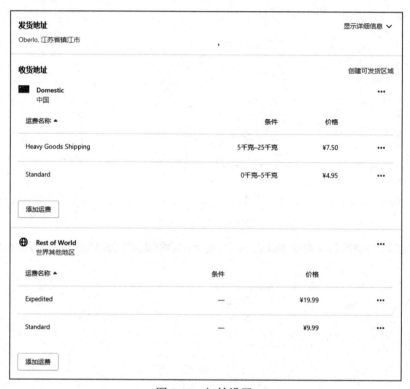

图 7-10　初始设置

系统默认为收货地址为中国的情况设置了两种运费，这两种运费分别对应不同的商品，其中"Heavy Goods Shipping"用于重型货物的运费，而"Standard"对应标准货物的运费。从而根据产品的重量来计算相应的运费。如图 7-11 所示。

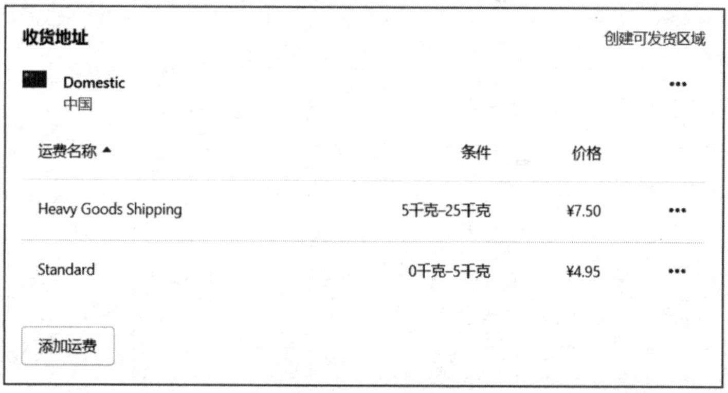

图 7-11　国内运费

而对其他地区，则设置了"Expedited"和"Standard"两种固定的运费。如图 7-12 所示。

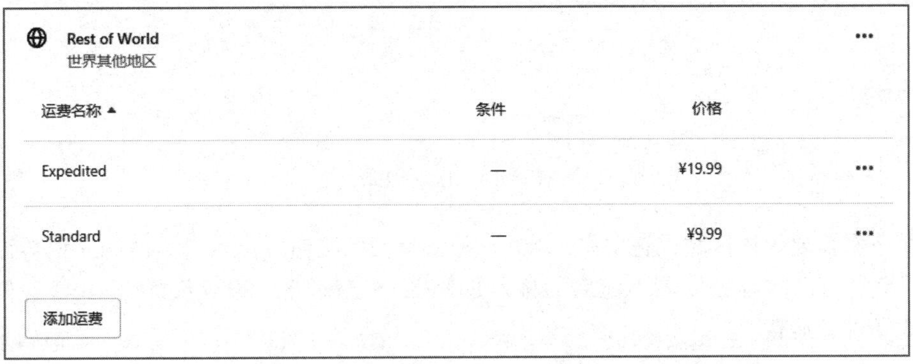

图 7-12　其他地区运费

下面介绍运费的设置方法。

如要针对日本和韩国市场设置无条件运费，则需要单击图中的"创建可发货区域"按钮，输入区域名称"无条件免运费"，勾选需要选择的国家和地区。如图 7-13 所示。

图 7-13　创建区域

完成后，将会增加一个"有条件免运费"区域，如图 7-14 所示。

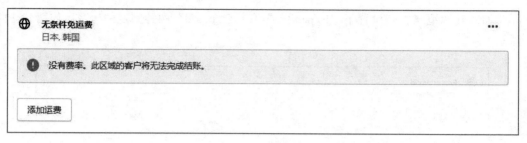

图 7-14　区域效果

接下来需要为该区域设置费率，单击"添加运费"按钮。在如图 7-15 所示的界面中选择"设置您自己的运费"，输入运费名称，如"Free Shipping"，设置价格为"0"，这样就设置了无条件免运费。

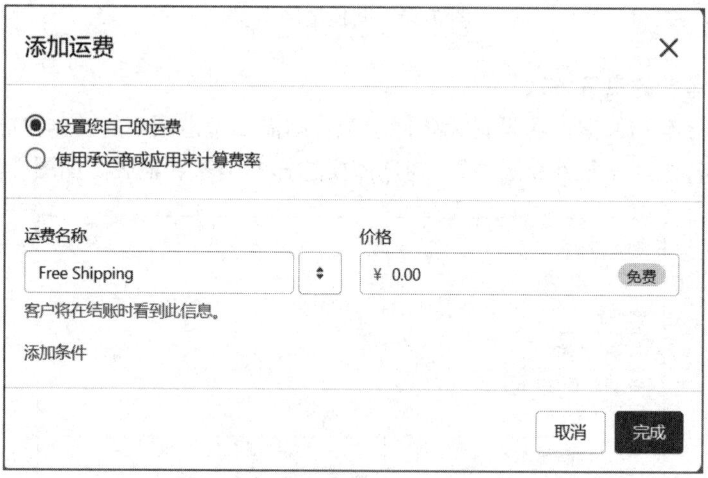

图 7-15　无条件免运费设置

结果如图 7-16 所示。

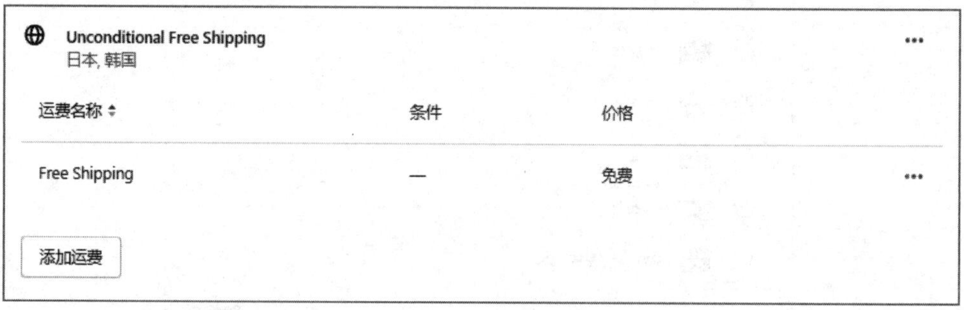

图 7-16　设置效果

类似的，针对美国市场设置有条件运费，单击"创建可发货区域"按钮，然后在图 7-17 所示界面中输入区域名称，勾选需要选择的国家和地区。

图 7-17　创建区域

这样就可以针对美国市场的运费进行设置。完成后，将会增加一个"有条件免运费"区域，如图 7-18 所示。

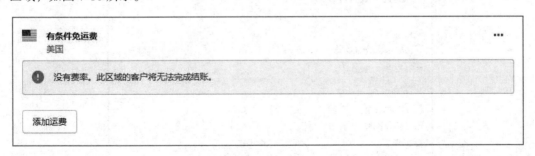

图 7-18　区域效果

由于设置的是有条件免运费，如设置购物满 100 元时才免运费，这样就需要设置两个运费。

首先第一个运费，也就是购物金额在 100 元以下的运费，如图 7-19 所示。

图 7-19　设置第一个运费

该设置表示对金额小于或者等于 100 元的订单收取运费 4.99 元。设置条件时，建议选择"基于订单价格"而不是"基于产品重量"，因为重量来计算运费比较麻烦，需要为每个产品设置精确的重量，然后设置各个重量区间对应的运费，而要想获得每个产品的精确重量和包装重量工作量比较大，因此，建议采用"基于订单价格"设置运费，这样比较简单，客户也比较好理解。

第二个运费设置如图 7-20 所示。

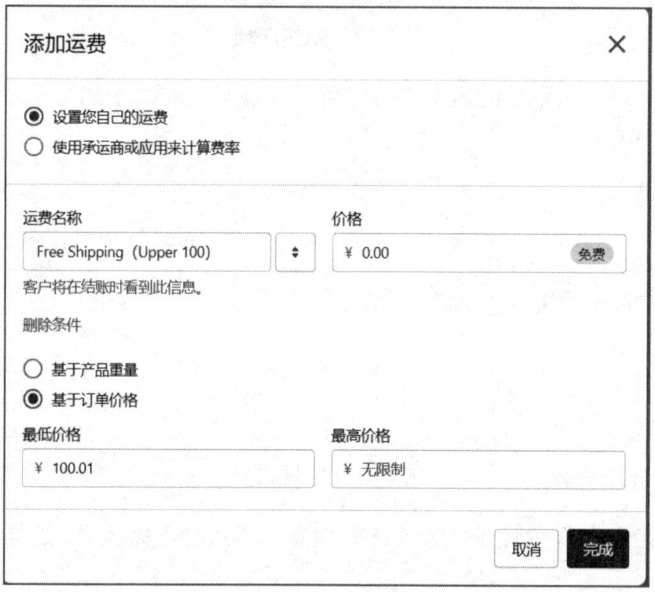

图 7-20　设置第二个运费

该设置表示对金额大于 100 元的订单免收运费。

在这样的设置下，如果客户的单笔金额小于或者等于 100 元，则运费页面将提示需要 4.99 元运费，当客户的单笔金额大于 100 元时运费页面将提示免运费。运费的设置结果如图 7-21 所示。

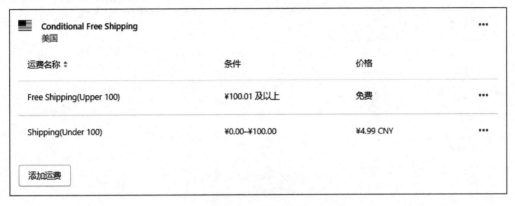

图 7-21　设置效果

在设置运费时，也可以基于产品重量设置运费，如系统预设的国内运费就是如此，如图 7-22 所示。

图 7-22　Standard 费率

这样，就可以根据 Shopify 独立站的实际情况，针对不同的销售区域来设置不同的运费计算方式。

7.4.2　自定义运费

对于普通卖家来说，一般运费的设定就已经足够使用了。但是如果有特殊的产品（如易碎产品），这时候就需要设定一个自定义运费的分组。

在 Shopify 独立站后台中，所有添加的产品默认将添加到一般运费分组中，我们需要手动将其中特殊产品选入自定义分组，同时每次上架这些特殊产品时一定要移入对应的自定义分组中，然后自定义运费，如图 7-23 所示。

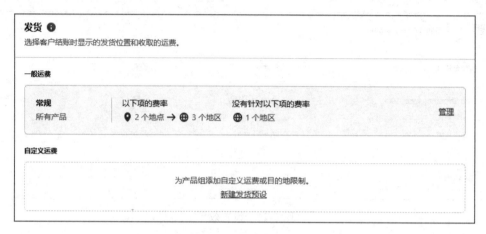

图 7-23 自定义运费

单击图 7-8 中的"新建发货预设"，显示设置如图 7-24 所示。

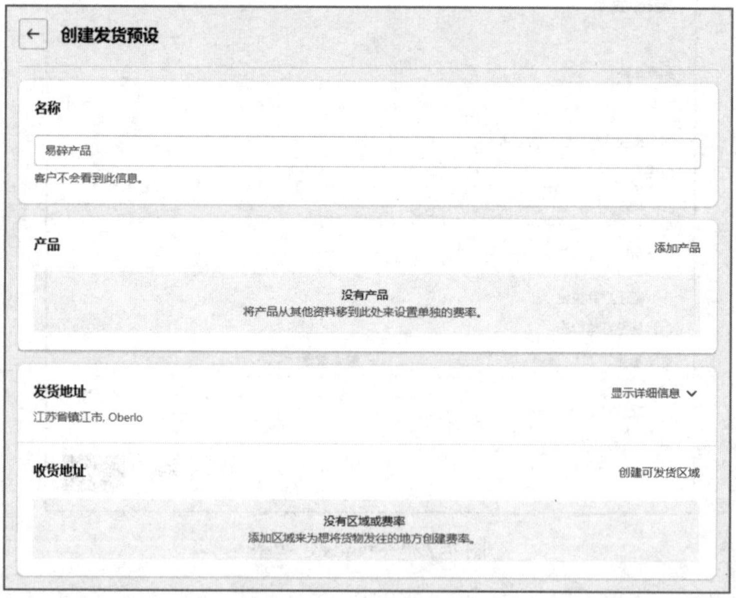

图 7-24 新建发货预设

输入名称，单击"添加产品"使用搜索栏将产品添加到该发货预设中。在收货地址中，单击"创建可发货区域"选择属于该区域的国家或地区，对于区域中所需的每种运费，单击"添加运费"，选择运费的详细信息，然后单击完成。其设置方法和一般运费类似，如图 7-25 所示。

图 7-25　发货预设设置

设置完成后的结果如图 7-26 所示。

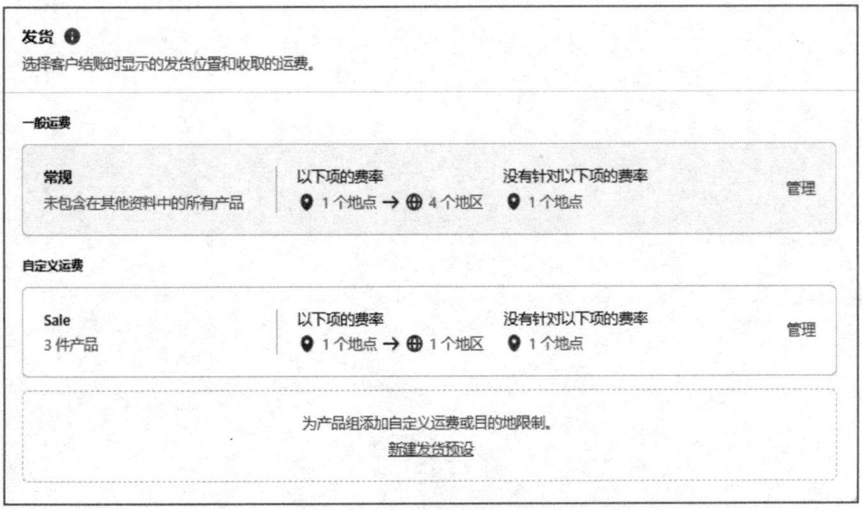

图 7-26　自定义运费结果

至此，我们介绍了 Shopify 中各种运费的设置方法，可以根据需要相应设置。

本 章 小 结

本章分析了 Shopify 独立站的采购模式,并介绍了 Shopify 独立站中与发货相关的设置。对于 Shopify 新卖家,推荐采用 Dropshipping 一件代发模式这种模式门槛较低,卖家无需自己囤货和发货,出单快且起量快,卖家只需把时间和精力放在选品和推广上。但是这种模式下卖家对产品质量、产品包装和物流速度没有把控,很难积累客户和沉淀品牌。因此,当独立站具有一定规模时就可以选择品牌店模式打造自己的品牌。

思 考 题

1. 分析 Dropshipping 的特点。
2. 当处理采购和发货时,卖家需要考虑哪几个问题以便于决策?

即 测 即 练

自学自测　扫描此码

第8章 Shopify独立站的订单管理

当客户进入我们的商店并购买了产品时,就会在 Shopify 后台生成订单,此时我们就应该进行订单管理。

8.1 Shopify 独立站的购买订单管理

每个订单都会经过 3 个阶段,每个阶段都需要在 Shopify 中执行不同的操作,如表 8-1 所示。可以将 Shopify 设置为自动执行这些操作,也可以自己手动执行。

表 8-1 订单状态

订单状态	需要执行的操作
已下单	入账付款
订单已付款	为订单发货
订单已发货并已付款	存档订单

当客户在 Shopify 店铺下单后,系统将进行以下通知。
- Shopify 卖家邮箱收到订单通知。
- Shopify 店铺后台订单页面将显示新订单。
- 客户将收到一封订单确认电子邮件。

我们可以登录 Shopify 后台,单击"订单"按钮,将会显示所有的订单,结果如图 8-1 所示。

图 8-1 订单管理界面

建议在处理订单之前先对订单中的客户名、联系方法和地址等信息进行整理和记录,并保存下来（如使用 Excel），这样可以保存和备份客户信息，这些客户信息是积累的宝贵客户资源。它们可以更好地提高运营效果。如果订单是由广告引流带来的，那么，当广告引流客户积累到一定数量时，可以将这些客户信息导入相应的广告系统，生成自定义的受众，从而有助于系统将广告推送给更有针对性的类似受众，提高广告推送的准确性。

接下来，可以处理订单。单击需要处理的订单，进入订单详细页面，如图 8-2 所示。

图 8-2　订单页面

首先，对订单的收货地址进行检查。注意，有些客户的账单地址和收货地址并不一致，此时要以收货地址为准，在搜索引擎中搜索收货地址，查看该地址是否存在，如果有相应的结果，则说明该地址没问题。就可以单击"收款"按钮将客户付款转入自己的收款账户，如图 8-3 所示。

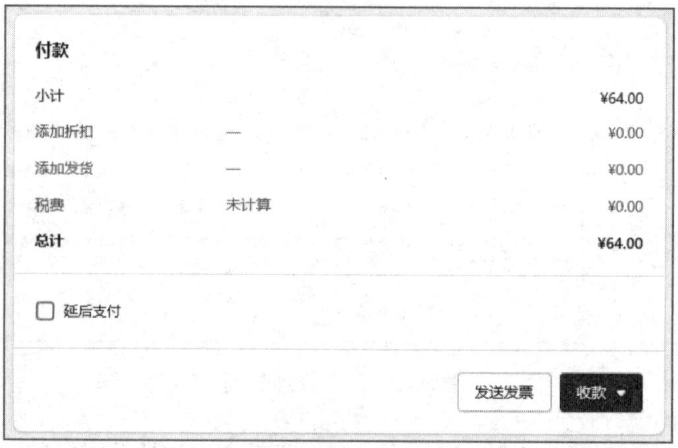

图 8-3　收款

如果客户地址有问题，则暂时不收款，通过客户的联系方式如邮件联系客户，和客户确认好收货地址之后再收款及发货。

完成收款之后，接下来就需要为客户发货。在图 8-4 所示界面中单击"为商品发货"，将会转到发货界面。

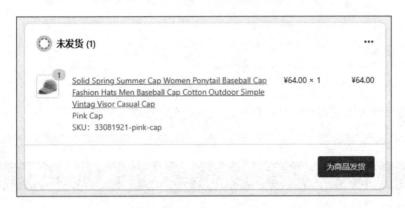

图 8-4　产品发货

发货界面如图 8-5 所示。在"运单号"中填写物流公司或者供应商提供的物流单号，在"运输承运商"中选择相应的物流商，Shopify 可以自动识别部分运单号，会自动填写上其对应的发货渠道的查询网址信息。还可以勾选"立即将发货信息发送给客户"来将发货信息发送到客户的邮箱中。

图 8-5　发货信息

单击"为商品发货"按钮，Shopify 会自动将该订单的状态标记为"已发货"。如图 8-6 所示。

第 8 章　Shopify 独立站的订单管理

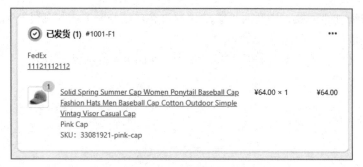

图 8-6　发货状态

在订单管理界面能观察到所有订单的状态信息，如图 8-7 所示。

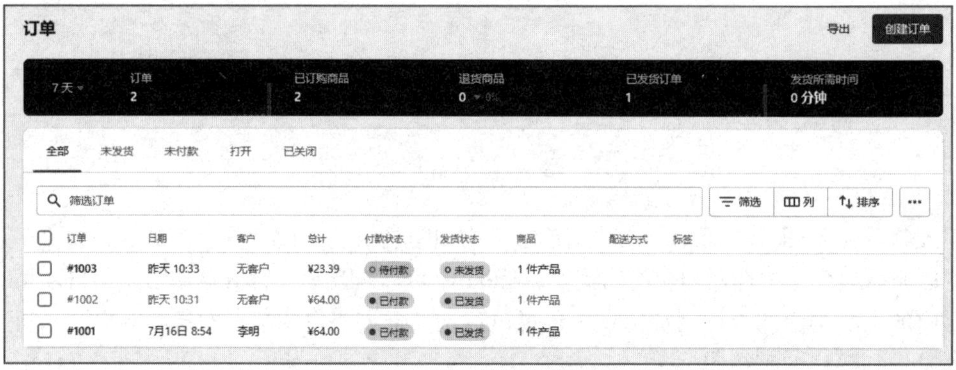

图 8-7　所有订单列表

8.2　Shopify 独立站的弃购订单管理

8.2.1　弃购原因及分析

客户已经将产品放进了购物车，但是最终放弃订单的情况在 Shopify 独立站运营过程中会经常出现，这种客户由于各种各样的原因而放弃下单的情况叫弃单。

登录 Shopify 后台，单击"弃单"，会显示所有的弃单，如图 8-8 所示。

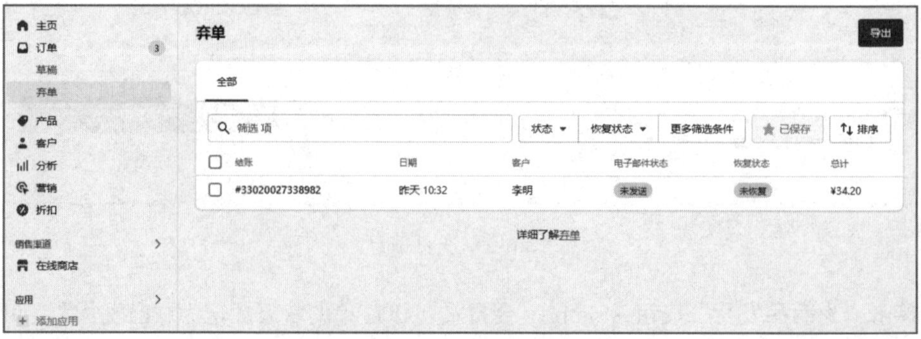

图 8-8　弃单列表

单击具体的弃单，能进入该弃单的详细页，如图 8-9 所示。

图 8-9　弃单信息

在这个界面中只能看到订单的信息，但无法知道客户放弃订单的原因。对于弃单，主要有以下原因。

1. 客户只是想走下流程试试

客户看到产品的广告了，比较感兴趣，通过链接点进 Shopify 独立站的产品页面看看，感觉还可以，就先放入购物车，但是没有真正购买。这种情况其实是每个人的正常心理，这种情况至少说明我们的引流效果还是不错的，能吸引客户到我们的 Shopify 独立站就是成功。

2. 客单价高于客户的心理预期

客户对价格是非常敏感的，一般客户看到一件产品，他自己是对该产品会有个估价，或者说他已经在其他商店看到了同样的产品，如果我们的价格过高，这样也会导致客户到结账页面放弃。解决方案如下。

- 多去调研几家同行，看看他们的价格设置，然后自己根据成本和利润计算出一个合适的价格。
- 可以在网站公告栏里或注册弹窗里，放上一个折扣码，刺激客户结算，让他感受到优惠。

3. 客户必须注册账户才能进行结账

有些客户只是随意进来，对产品感兴趣而顺手购买，而并不想在 Shopify 独立站中进行注册，如果在下单时必须要求客户先注册就会流失部分客户。

对于这种情况，可以简化 Shopify 独立站自义结账流程，在图 8-10 所示的结账中进行设置。不用强求客户一定要注册账户或留下某些信息才能结账。更细心的卖家会做一个 How to Place order 页面，告知用户如何下单。

图 8-10　结账设置

4. 到结账页面发现还有额外的运费

如果运费政策不清晰，客户要结算时才知道还要支付额外的物流费用，这样客户心理有落差，从而放弃购买，导致弃单。解决方案如下。

- 如果可以的话，最好设置全店包邮，这将成为我们 Shopify 独立站的一个优势。
- 在每个产品页里显示运费计算方式，让客户在购买前就知晓，不至于结算时有落差。

5. checkout 结账流程烦琐

当需要跳转多个页面才能完成整个购物流程时，没有耐心的客户就可能会放弃结算。解决方案如下。

- 设置为允许客户"先加购再购买"，或"直接购买"，这个跟我们使用的主题有关系，有的主题自带 add to cart 和 buy it now，有的则没有，就需要借助插件来实现。
- Shopify 默认的结账流程有 3 步，可借助插件缩短流程。

6. 货币方式不是客户当地货币

大部分的卖家做的市场应该是全球的，如果系统设置的货币是美元，一些人来自欧洲或其他地方的，他们不适应以美元来支付的方式，看不到直观的价格，也有可能会放弃购物。

可以使用货币转化器来解决这个问题，可以在 Shopify App Store 里搜索安装相应的 App

插件。

7. 支付安全的担忧

跟在平台上购物不同,顾客在 Shopify 独立站上购物的时候会有一些担忧,不太信任,特别是在结账付款的阶段,客户会有下单后钱的去向,会不会不发货等担心。

一种有效的解决方法就是在产品页上添加安全付款标识,让他们觉得付款会是安全的、有保障的。

8. 没有客户常用的付款方式

不同的国家有不同的支付习惯,比如美国大多有 PayPal、澳大利亚喜欢用信用卡、还有些地方用电子支票等,单一的支付方式会阻止部分消费者的购买。

因此,需尽可能确保网站上提供多种支付方式,来满足大部分消费者的支付需求。

9. 网站没有退换货政策

可以在 Shopify 后台的设置中把退换货条款政策完善好,并添加到前台显示页面中,如图 8-11 所示。

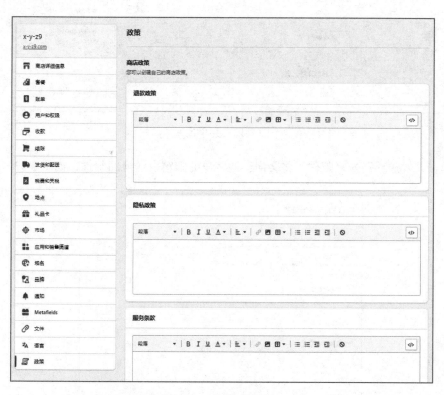

图 8-11 条款政策设置

在 Shopify 独立站运营过程中,出现客户弃单是经常出现的情况,上面分析了客户弃单的主要原因,其中第 1、2 条可以被视为客户的正常消费行为,而其他的是属于网站购物体验的问题,就需要我们加以重视,进行优化和解决。

第 8 章 Shopify 独立站的订单管理

8.2.2 弃购订单挽回

减少弃购订单最直接有效的方式是发送弃购挽回邮件。Shopify 系统在弃购订单详细页中提供了发送弃购挽回邮件的功能，如图 8-12 所示。

图 8-12 弃单挽回

单击"发送弃购恢复邮件"将会向弃购客户的邮箱发送挽回邮件，如图 8-13 所示。

图 8-13 弃单挽回邮件

可以输入相应的信息后发送给客户。

但是只用一封弃购挽回邮件往往效果不太理想，建议在不同阶段发送至少 3 封邮件这样能提高挽回的效果。

- 在弃购订单产生后的短时间内（如 5 分钟）发送第一封挽回邮件。此时的弃购有可能是客户在准备付款时被其他事情打断而忘记付款。这样，我们通过发送邮件提醒客户他有一个还未支付的订单。这封邮件要简单和直接，不用过多委婉的语言和设计。
- 在弃购订单产生后的 8～12 小时左右发送第二封挽回邮件，当客户看到了第一封邮件，但是还未完成订单，则表示该客户没有了购买的冲动。就需要通过这封邮件尽量让客户重新产生购物冲动。可以通过邮件告诉客户该产品是热销商品，即将卖完，同时还要让客户不觉得被骚扰，对于邮件，在语言措辞上要仔细考虑。
- 在弃购订单产生后的 48 小时后，发送第三封挽回邮件。当客户看过第一封和第二封挽回邮件后还没有完成订单，则该客户对产品兴趣不大了。这时，就可以通过邮件给出优惠来刺激客户的兴趣。而这封挽回邮件也是邮件挽回过程中的最后一封邮件。

挽回邮件的设计要和 Shopify 独立站保持一致，如 Logo、字体和颜色等要素要和 Shopify 独立站采用同样的风格，这样可以帮助客户更好确认产品和来源。

可以通过 Shopify 后台"营销"中的"自动化"来设置挽回邮件的工作流，从而自动完成弃单挽回邮件的处理。

8.3　Shopify 独立站的订单退款管理

当出现退货或者退款需求时，就涉及订单的退货和退款管理。登录 Shopify 后台，选择"订单"中需要处理的订单，进入该订单的管理页面，如图 8-14 所示。

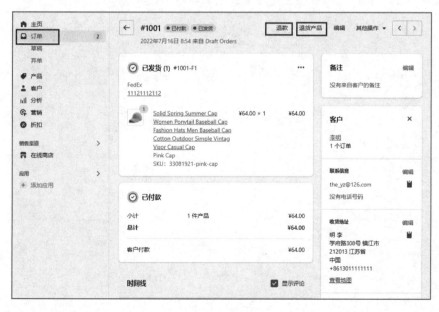

图 8-14　订单管理

由于当前处理的订单已经付款，同时已经发货，所以在订单管理界面的右上角，有"退货产品"及"退款"按钮让我们实现退货及退款管理。

单击"退货产品"出现退货界面，如图8-15所示。

图 8-15　退货产品

根据和客户沟通后的退货信息，填写相应的退货信息，然后单击"创建退货"按钮，从而实现退货处理。此时订单状态发生改变，效果如图8-16所示。

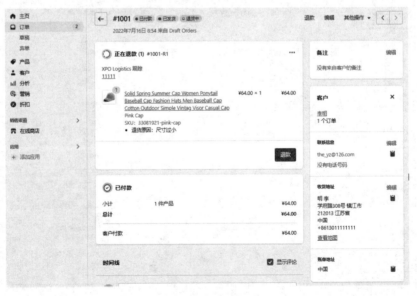

图 8-16　退货结果

当卖家收到客户的退货，检查无误后就可以处理退款。单击"退款"按钮，显示退款界面，如图 8-17 所示。

图 8-17　退款处理

默认是对整个订单退款，如果和客户协商是部分退款，则可以手动输入退款金额从而部分退款。可以选择将退货的产品重新入库。

退款只能原付款方式返回，如果客户已不再使用此付款方式，需要联系原付款方式的银行或代理商，从而在退款发放后领取资金。

建议退款后使用客服邮箱给客户发送一封邮件，说明退款方式和时间及原因，及时进行反馈，这样让客户感受到对他的重视。

本 章 小 结

本章介绍了 Shopify 独立站中的订单管理方法。包括当客户下单后，如何收款及发货，并分析了客户弃购订单的原因和挽回方法以及退货订单的处理方法。

思 考 题

1. Shopify 风险订单是什么？
2. 如何规避风险订单？

即 测 即 练

自学自测　扫描此码

第9章 Shopify独立站的引流和营销

Shopify独立站的运营和平台站的运营方式有很大的不同,其中最重要的一点是Shopify独立站没有自然流量。我们建立好Shopify独立站,辛辛苦苦做好选品并上架,认真优化流程和美化店铺后,但是除了我们自己,没有人知道这个Shopify独立站的存在。要想让Shopify独立站获得成功,就必须让尽可能多的人来访问,这就是引流的作用。

9.1 Shopify独立站的引流方式

Shopify独立站本身没有任何流量,要获取订单必须要我们自己引流,Shopify引流方式有很多,可以将这些流量分为免费流量和付费流量。

- 免费流量来源主要包括:SEO、社交媒体、内容营销、邮件营销等。
- 付费流量来源主要包括:社交媒体广告、Google广告、网红营销、联盟营销等。

不同的引流方式有其各自的优缺点,只有将两者结合起来去使用,Shopify独立站才能实现理想的转化。

1. 免费流量的优缺点

优点:不需要花钱,且流量持续长久。如现在很多Shopify独立站都会设立自己的博客,通过产品介绍、行业趋势和评测等文章内容来吸引流量。当然持续稳定的高质量内容对于吸引自然流量必不可少,一旦有了数量多且质量高的流量来源,就有了用户黏性,那么Shopify独立站的流量就会持续性的到来。

缺点:见效比较慢、耗时较长。无论是通过SEO、写博客或者在Facebook、Twitter、Intagram、Pinterest等社交媒体上发布关于产品的内容或帖子,都是耗时耗力的工作,很难在短期内获得明显的效果引流,因此,对Shopify卖家的耐心是一个极大的考验。

2. 付费流量的优缺点

优点:精准高效快速,成本是可以人为控制的。如利用Google shopping广告进行引流,只要Shopify卖家做好产品Listing和产品着陆页的优化,那么,当用户搜索产品时候,Google便能够进行精准的匹配,将符合客户需求的产品优先显示。因此通过Google Shopping付费广告获取潜在客户的时间周期较短,同时Shopify卖家还可以根据广告投放效果做出扩大或减少预算,进而精确控制推广成本。

缺点:花费比较大,卖家容易形成依赖,一旦停止广告投放,流量就没有了。利用Facebook广告付费推广的Shopify卖家还需要面对来自众多的独立站卖家的竞争,所以前期刚做Shopify独立站的卖家就需要花费更多时间和资金不断地进行选品,进行多次的广告测试，直到找到一个利润可观而且有潜在市场需求的产品才能继续追加投入，如果停止投放付费广告，则流量以及订单量都会出现明显下降。

总的来说，对于 Shopify 独立站的引流，不管采取的不论是付费模式还是免费模式，都需要 Shopify 独立站卖家的细心和耐心。

9.2 免费引流

9.2.1 搜索引擎优化

搜索引擎优化（Search Engine Optimization,SEO）是指利用搜索引擎的规则，来提高网站在有关搜索引擎内的自然排名的优化方法。目的是让网站占据领先地位，从而获得品牌收益。SEO 是一种提高网站排名的一个很有效的方法，是网络营销策略和数字营销策略中很重要的一个环节。SEO 通过提高网站在搜索引擎的排名从而使网站获取更多的曝光，进而获得更多的流量，而更多的流量就意味可以获取得更多的订单以及更多的利润。

由于当客户计划购买特定产品时，通常先进行搜索，然后点击搜索结果上显示的前几个链接，因此 Shopify 独立站要想获得更多的流量，就需要尽量让独立站以及产品在搜索结果中靠前显示。

影响网站排名的因素包括优质的外链数量、域名注册时间、网站权重以及 SEO 等。对于 Shopify 独立站而言，其主要可以从以下方面进行优化。

1. 简化网站结构

Shopify 独立站的网站结构最好遵循"三次点击"原则，即展示产品的落地页应该通过三次以内的点击到达。通常来说，扁平化的网站架构更有利于搜索引擎的抓取，也方便用户快速获取信息。而"深度"结构的网站不仅显得内容繁杂，也会面临抓取遗漏的风险。

观察那些成功运营的 Shopify 独立站，往往会发现同样的规律：这些网站内容丰富，但结构却很清晰，大部分网页都满足"三次点击"原则，在首页导航栏就能通览网站全部内容。而这也是一条做好 SEO 优化的铁律，无论算法如何变化，保障访问体验，永远都是优化工作的核心。

2. 优化访问速度

Shopify 独立站的打开速度对于用户体验非常重要，如果打开太慢，会影响用户的体验度，增加独立站的跳出率，降低订单成交率。因此，Shopify 独立站应该具有较快的访问速度。

Shopify 内置了测速模块，登录 Shopify 独立站的后台，选择"在线商店"，会显示在线商店的速度评分，如图 9-1 所示。

还可以单击"查看报告"查看具体的结果，如图 9-2 所示。

图 9-1 速度评分

图 9-2 速度报告

除此之外，还可以利用一些网站测速工具来测试 Shopify 独立站的访问速度，如下面列出的这些。

- Pingdom Website Speed Test：tools.pingdom.com。
- WebPageTest：www.webpagetest.org。

如果 Shopify 独立站访问速度不太理想，就需要对其进行优化。由于服务器的运行和管理由 Shopify 负责，所以我们无法从服务器方面进行优化，只能从 Shopify 独立站本身进行优化，从而尽量减少网站的加载时间。Shopify 独立站的速度优化可以从以下几个方面进行。

- 压缩图片：可以利用一些工具对图片进行压缩优化，如 TinyPNG（https://tinypng.com/）可实现原图片 60%多的无损压缩，这样可以减少图片的体积从而加快网站加载速度。
- App 数量优化：Shopify App 可以丰富拓展网站功能，但是考虑到基本上插件都含有 JavaScript 脚本语言，是网站打开最后要加载的项，会影响访问速度，所以需要有选择性地安装。可以用测速工具测试下 App 安装前后对网站加载速度的影响做评估。另外，对于安装了但没有使用的 App 要及时卸载。
- 模板的选择：不同的模板具有不同的风格和功能，其加载速度也有区别，应该在满足功能的前提下，尽量选择速度较快的模板。

3. 网站地图

网站地图（sitemap）是 Shopify 独立站上的一个自动生成的 sitemap.xml 文件，其中包含指向所有产品、主要产品图片、页面、产品系列和博客文章的链接，如图 9-3 所示。

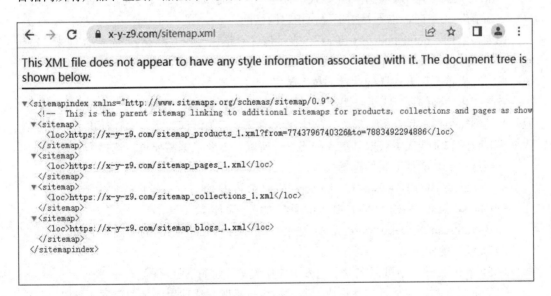

图 9-3　网站地图

Google 和 Bing 等搜索引擎会使用此文件来索引 Shopify 独立站，将站点地图文件提交到 Google Webmaster Tools-Search Console 以及 Bing Webmaster Tools 有助于搜索引擎查找 Shopify 独立站的页面并为其编制索引，这样相应页面就会出现在搜索结果中。

提示：需要注意的是，Google 等搜索引擎对网站进行抓取和编制索引需要一段时间，这个时间是不确定的；另外，请务必确保在 Shopify 独立站完整搭建且优化好之后才向搜索引擎提交 sitemap。

向 Google 或者 Bing 提交网站地图之前，需要解除 Shopify 店铺的密码保护。因为如果不解除店铺的密码保护，即使提交了网站得到地图，搜索引擎也只能爬取到密码页面，其他的页面都是处于隐藏状态。注意，在取消密码保护之前需要支付套餐费用。

4. 关键词优化

用户会通过搜索引擎来寻找产品，进行购物行为。如何针对搜索引擎进行关键词优化是 SEO 的重要内容。Shopify 已经实现了一些 SEO 优化点，大部分的 SEO 需求可以被满足，可以直接在 Shopify 独立站的后台进行设置。

1）关键词的选择

关键词可分为三类：信息型、交易型和导航型。

- 导航类关键词：是指用户在知道这个网站的名称或者公司的品牌的时候，想要直接访问这个网站，又不知道或忘记了这个网站的地址，或者懒得在浏览器地址栏输入网址时所使用的关键词，通常也被称为品牌关键词。
- 交易类关键词：是指用户有明显的购买意向或动作而搜索的关键词，其与交易有关，搜索这类关键词的用户本身就是想购买相关产品或完成某件事情，所以就更容易实现交易。
- 信息类关键词指的是用户在寻找某种具体信息时所使用的关键词，这种关键词无明显的购买意向，也不是用来寻找指定网站的。

比如搜索词 "homemade toy ideas"，表示该客户是想寻找一些 toy 产品。而搜索 "best toy for children under 6"，那大概该客户是已经有想法购买适合 6 岁以下的儿童玩具了。很明显，我们希望后者这样的关键词越多越好。

越是搜索明确的词，购买意图越强，产品页面越好与搜索词进行匹配，转化率会越高。但是此类词往往搜索量有限。反之，搜索量大的交易型关键词，竞争也往往更大，需要花费更多的时间和金钱成本获取其更高的流量，所以，需要依据需要进行选择。

下面这些工具能帮助我们选择关键词。

- Google AdWords: Keyword Planner：来自 Google 官方的关键词规划大师。
- Ubersuggest：SEO 大神 Neil Patel 旗下的关键词建议工具。
- WordStream Free Keyword Tool：老牌公司 WordStream 出品的关键词工具。

2）关键词的使用

在 Shopify 独立站中可以在以下地方中使用关键词进行 SEO 优化。

（1）主页标题和主页元描述优化。通过在主页标题和描述里添加关键词，可以尽可能地让客户搜到我们的商店。登录 Shopify 后台，选择"在线商店"的"偏好设置"就可以编辑主页标题和主页的元描述，如图 9-4 所示。

（2）产品和产品系列的标题和元描述优化。登录 Shopify 后台，选择"产品"，选择具体的产品，在其页面最下方有 SEO 编辑框，如图 9-5 所示。

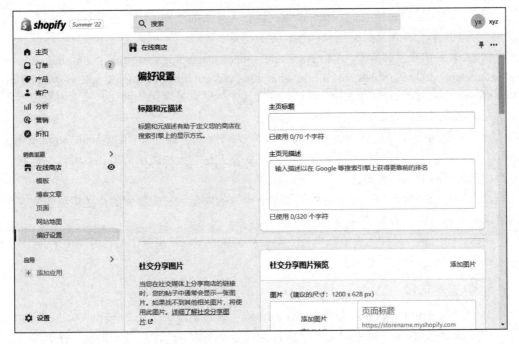

图 9-4 主页 SEO

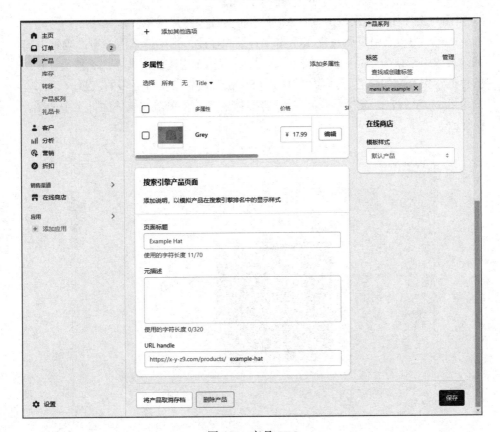

图 9-5 产品 SEO

第 9 章 Shopify 独立站的引流和营销

对于产品标题和元描述,不要对关键词进行无意义的堆砌。随着谷歌算法的更新,创建一条便于理解的有含义的标题和描述,更为重要。

例如,有一顶帐篷其标题为:2-person tent, 2-person camping tent suitable for outdoor play, two doors and windows, breathable mesh, windproof and waterproof camping tent, easy to install, with storage bag.这样的标题就不太理想,因为这个标题只是堆砌关键词,搜索引擎根本无法根据标题确定此页面的内容。

还是那顶帐篷,优化的标题可以这么写:2-person camping tent with storage bag (Multi-colored)。但是如果该产品的 SKU 很多,用此标题无法表示清晰,就可以在标题末尾添加产品型号进一步明确。

产品描述也是同样的道理,避免使用专业难懂的词汇,通俗易懂的描述更能匹配客户的需求,也具有更好的 SEO 效果。

所以,标题和产品描述要有指向性,需要从客户的需求及场景出发,可以加上品牌词。
产品系列的设置方法也类似。

5. Alt 文本优化

Alt 文本(Alternative text 替代文本)的作用主要包括以下方面。

- 给图片添加 Alt 文本是网页可访问性的首要原则。Alt 文本可以帮助视力受损用户在使用屏幕阅读器是更好的理解页面上的图片。
- 当图片文件加载错误的时候,Alt 文本将会代替图片展示。
- Alt 文本为搜索引擎爬虫提供了图片背景和描述,帮助搜索引擎更准确索引图片。

如果搜索引擎认为产品图片有价值,而且 Alt 描述也比较精准,那么将会让该图片出现在图片搜索中靠前的位置,从而可以帮助 Shopify 独立站获得更多的流量。

登录 Shopify 后台,选择"产品",选择具体的产品,单击"媒体文件"中的图片,如图 9-6 所示。

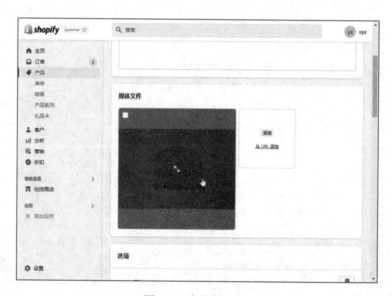

图 9-6　产品的图片

在媒体文件编辑界面中添加替代文本,如图 9-7 所示。

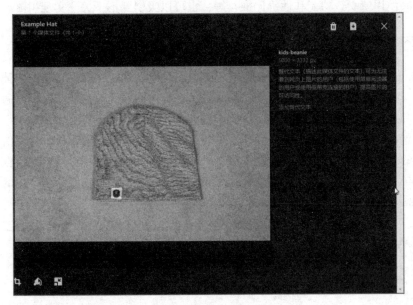

图 9-7 编辑替代文本

SEO 是一个持续不断的过程,任何时候都需要做适当调整。因为搜索机制、顾客需求、行为也是不断改变的,所以 SEO 也需要进行不断的调整。

9.2.2 社交媒体

卖家可以在 Facebook、Instagram、Twitter、YouTube 等社交媒体平台上发布自己的产品,比如有用户想买一些婴儿用品,会加入这些社交媒体上关于讨论婴儿用品的群或者是团体中,然后就会看到卖家所发布的产品,如果感兴趣的话,他就会点击进去购买。通过社交媒体也就可以增加了 Shopify 独立站的订单成交率。

但是,在发布产品的时候要把握一定的方式方法,避免造成成员反感。

现在人们在社交媒体上花费的时间变得越来越多,所以需要紧跟客户的习惯,在各种社交媒体上,尽量多地在客户面前展示我们的 Shopify 独立站以及产品和品牌。

社交媒体上的信息可以分为三类:视频、图片和文字。可以发现,现在最流行的渠道已经转为视频和图片。当然,文字类的信息还是有不少人去看的,各种论坛还是有不少人会去关注和留言,卖家也要关注。

视频类的社交媒体主要是 Youtube、Facebook 和 TikTok。卖家可以定期创作一些与 Shopify 独立站和产品有关的有趣短视频,在这些渠道中发送。对于 Facebook,还可以运用多个账号同时转发,增加视频的曝光量。但要注意这些多账号要有不同的网络环境,不然可能会被 Facebook 后台认定成异常的账号而封号。

图片类的信息主要是 Instagram、Pinterest、Facebook 这三个渠道,可以制作一些好看的产品图或者产品使用场景图,发送在这三个渠道上,让产品在这些社交媒体上不断展示。

文字类的信息主要集中在 Reddit 和 Quora 这两个渠道。可以准备一些高质量的文本内容，如产品使用感受、功能和性价比推荐等，也可以吸引到不少关注实现引流。

9.2.3 内容营销

为 Shopify 店铺建立博客是一种典型的内容营销方式，可以根据 Shopify 店铺的定位和目标群体写些产品故事、行业趋势新闻以及产品评测等内容的信息性博客，再通过社交媒体、论坛和电子邮件等方式进行推广，从而最终将流量导到 Shoify 独立站。

高质量的原创内容对于引流来说非常重要，也更加受搜索引擎重视。建议借鉴一些做得比较好的 Shopify 独立站博客，前期先模仿他们，熟悉之后就会自然而然形成自己的风格。

Shopify 独立站中自带博客模块，登录 Shopify 后台，选择"在线商店"中的"博客文章"，就可以开始撰写博客文章，如图 9-7 所示。

图 9-8　Shopify 博客

我们可以尝试两种方法。第一种方法是收集你所在领域的有影响力的流行博客，并模仿他们的风格来编写博客并提交。尽管并非所有提交都会成功，但是一旦一篇文章成为爆款文章，就可以带来大量的用户。

此外，还可以在知名博客的文章下留言或评论，来推荐自己的 Shopify 独立站，或邀请知名博客作者将自己的最新产品或有趣的内容添加到他们的博客内容中。

9.2.4 邮件营销

邮件营销（Email Direct Marketing，EDM）是在用户事先许可的前提下，通过电子邮件的方式向目标用户传递价值信息的一种网络营销手段。邮件营销是 Shopify 独立站引流中最普遍也是最传统的方式。

邮件营销可以直接带来订单，比如在 Shopify 独立站后台找到放弃购物车的客户，给这部分客户发送一个 10%～20%的折扣码，就很有可能会挽回这个客户，直接增加订单，这就是邮件营销的一种应用方式。

邮件营销一定程度还可以帮卖家建立与客户之间的关系。对于新客户，可以采用邮件推送产品的使用方法以及教程，或者产品评论包括图片评论给他们，定期给客户传达产品的特点和优势，从而让客户对产品有更深的认识，从而促进购买。对于老客户，可以继续推送新品并持续发折扣券给他们，从而产生复购。

邮件营销通常需要具备以下 3 点。
- 邮件营销工具。
- 获得用户邮箱。
- 创建邮件活动。

邮件营销工具：邮件营销工具有 Mailchimp、ConvertKit、Aweber 等，推荐使用 MailChimp，其免费注册用户可以享受每月发送 12000 封邮件，邮件用户达 2000 人，能够满足 Shopify 独立站新手卖家的需求，后面随着业务发展需要，可选择升级成付费用户以获得更多的容量。

获得用户邮箱：获取邮箱的方式可以通过添加弹窗式抽奖、折扣和订阅等方式来收集用户邮箱。

创建邮件活动：创建个性化电子邮件营销活动有助于提高邮件营销的成功率。以下是常见的邮件活动。
- 购物车挽回邮件：产品放入了购物城，但最终没有购买的用户是最佳的潜在邮件营销对象，及时向他们发送电子邮件提醒可以有效提高转化率，而且效果比普通的购物邮件更好。
- 折扣优惠活动邮件：用户喜欢折扣和优惠，通过给客户发送折扣优惠活动邮件，可以争取更多订单从而提高营业额，同时还可以培养用户。
- 特殊节假日活动邮件：欧美国家的节日比较多，除了万圣节、感恩节和圣诞节之外，"黑五"和"网购星期一"也是用户疯狂网购的时间，通过邮件向在节假日开始前向用户传达节假日促销优惠可以更好的吸引用户，能够明显提升销量。

在做邮件营销时，有两点需要注意，一个是邮件的内容，一个是合适的邮件工具。

邮件内容很重要，其包括邮件标题和正文。标题是决定用户是否要打开这封邮件的重要因素，而正文则是吸引用户点击邮件里的链接的关键，只有点击了链接才能达到引流的效果。因此要对邮件的标题和正文仔细设计和优化。

需要选择合适的邮件工具，因为往往邮件的发送客户数量比较多，如果纯靠手动来进行发送任务量比较大，而且邮件发送的状态也无法监控。这时就需要使合适的邮件工具如 Mailchimp、Sendinblue 和 convertkit 等来实现群发邮件、查看点击率、打开率和数据分析等功能。

以下是一些邮件营销的建议。

- 邮件放置引人注目的主题，可以增加邮件打开浏览的概率。
- 用户购物车的具体商品或图片信息更能唤起用户的记忆。
- 放置一个明显的 CTA(Call to Action)按钮，可以方便用户实现一键返回购物车页面。

9.3 付费引流

运营 Shopify 独立站时，如果采用付费引流，要如何去获取流量呢？获取的主要渠道有哪些呢？下面进行介绍。

9.3.1 社交媒体广告

社交媒体广告的常见渠道为 Facebook、Pinterest、Instagram、TikTok、Reddit 和 Quora。

1. Facebook 广告

对于 Shopify 独立站，在使用社交媒体付费引流的时，最常见的就是使用 Facebook 广告付费推广。因为 Facebook 在全球的用户数量多体量大，因此其流量也很大，广告效果也不错。但是做 Facebook 广告推广时要注意的问题是其广告账户容易被封，尤其是做药品、医疗器械、丰胸、减肥和增高等产品的卖家。

从广告的表现形式，将 Facebook 广告划分为了视频广告，全屏广告，轮播广告，图片广告，精品栏广告和 360 度视频广告。

2. Pinterest 广告

Pinterest 是基于视觉分享的社交网站，是美国当下最红火的网站之一。Pinterest 把长短不一的图片分成几列展示在屏幕上，像是一条有韵律的瀑布一样，这种展现形态被称为"瀑布流"。人们在 Pinterest 上可以找到自己喜欢的图片，进行归类收藏以及和朋友分享，还可以在这些图片下留言以及与站内其他用户进行沟通交流。

Pinterest 现在给 Shopify 独立站带来的流量已经紧追 Facebook。但是，Pinterest 对广告投放区域有限制，全球有是二十几个国家可以投放，因此需要确认在目标市场是否可以投放广告。

3. Instagram 广告

Instagram 是一款适用于智能手机的照片分享应用。与其他社交网络相比，Instagram 相对简单，它专注于与朋友分享照片。Instagram 深受年轻人的喜欢，美国 53%的年轻人在使用 Instagram，年龄主要分布在 18～29 岁，其中女性使用 Instagram 的时间更多。

Instagram 广告也是 Shopify 独立站付费引流的重要渠道。由于 Instagram 是 Facebook 旗下产品，所以在 Facebook 上投放广告时，Facebook 会让客户选择该广告是否同时在 Instagram 上显示。

4. TikTok 广告

TikTok 是一个成长迅速的新兴短视频平台，但是越来越受到人们特别是年轻人的喜爱。

2019 年初，TikTok 发布了 TikTok Ads 实现广告投放。很多大公司 ruGrubhub、Nike、Fenty Beauty 和 Apple Music 都在使用 TikTok Ads 以新颖和独特的短视频方式推广它们的产品。

TikTok 的用户中有 66%的年龄在 30 岁以下（41%的年龄在 16-24 岁之间）。上面有很多热门视频都是和年轻人有关，如学校和家庭作业等。因此如果 Shopify 独立站的主要目标人群是年轻人，那么 TikTok 广告是值得投放的地方。

5. Reddit 广告

Reddit 是一个社交新闻站点，类似于国内的贴吧，里面有一些高质量的内容，很多新闻都是第一时间在 Reddit 上爆出，也吸引了不少人的关注。Reddit 的最大特点是通过用户对各种主题的帖子进行分类，然后所有的 Reddit 用户对其投票，这样好的内容自然会被顶上去，从而能保证内容的质量。

Reddit 广告的竞争程度比 Facebook 小，但是其推广效果也不如 Facebook。由于 Reddit 的广告无法形成分享转发，不能形成病毒式传播。但是 Reddit 广告更容易精确定位到目标客户，只有客户进入其感兴趣的版块时广告才会出现，所以客户对广告的点击率会比 Facebook 更高，如果 Shopify 独立站的产品利润比较高，比较容易在 Reddit 上面找到相匹配的兴趣版块的话，就可以进行 Reddit 广告投放。

6. Quora 广告

Quora 类似于中国的知乎，里面有相当多的高质量的问题和回答。Quora 在 2017 年推出了自助广告系统，可以在 Quora 网页以及移动端 App 创建广告。

建议 Shopify 独立站卖家在使用社交媒体广告来实现付费引流时，一定要多尝试不同的渠道，这样才能发现自己的目标用户群体主要集中在哪个渠道。之后，再选择适合自己的社交媒体投渠道投放广告，千万不要盲目跟风。

9.3.2 Google 广告

很多 Shopify 独立站卖家会使用 Google 广告（Google Ads）来进行引流。Google Ads 是一种在线广告解决方案，卖家可以使用 Google Ads 在 Google 搜索和 YouTube 上推广其产品和服务。Google Ads 允许广告客户为广告选择特定的目标，可以自定义预算和定位，并随时启动或停止广告。

Google Ads 为用户提供了多种在线广告选择，包括搜索广告、展示广告、视频广告等。卖家可以使用不同类型的广告实现不同的目标。Google Ads 有三种基本类型。

- 搜索广告系列：通常为文本形式，当用户搜索产品或服务时，这些广告可以显示在 Google 搜索结果页上。搜索广告系列仅仅通过 Google 搜索运作。Shopify 独立站卖家可以使用搜索广告来使潜在客户注意到自己的产品和品牌。使用每次点击付费（PPC）搜索广告时，仅在广告被点击后才付费。
- 展示广告系列：通常为图片形式，这些广告展示在客户访问的网站或应用上。当人们在线浏览网页、观看 YouTube 视频、检查 Gmail 或使用移动设备和应用程序时展示。Google 展示广告网络覆盖了全球 90%的互联网用户，遍及数百万个网站、新闻页面、博客以及 Gmail 和 YouTube 等 Google 网站。
- 视频广告系列：通常为 6 或 15 秒的视频，这些广告会在 YouTube 内容之前或之中显示。视频广告可通过吸引用户的注意力，从而帮助 Shopify 独立站卖家进行产品和品牌推广及引流。

除了以上三种基本类型外，还有其他高级广告系列类型，包括购物广告系列，应用广告系列等。

Shopify 独立站卖家可以根据广告的展现形式（如文字、网络链接、商品信息、图片、视频或组合）和广告的目标用户群体来选择合适的广告系列。

9.3.3　KOL 营销

关键意见领袖（Key Opinion Leader，KOL）营销也就是网红营销，KOL 营销一般是 Shopify 独立站卖家与这些 KOL 取得联系，请 KOL 给自己产品打广告。付费的方式有两种，一种是与 KOL 利益分成，另一种是直接按广告付费。

Shopify 独立站卖家做 KOL 营销的第一步是确定计划和预算，最好做出一个时间表，里面标明一个月打算做几次广告、准备投多少个视频、帖子或者图片，明确自己在其中能够投入的财力，之后再去联系 KOL。

第二步就是要与 KOL 取得联系。去 KOL 的社交媒体联系他们、或给他们发送邮件，取得联系后再由 KOL 报价。随着 KOL 行业越来越火爆，产生了很多专门提供联系 KOL 服务的平台。这些平台上会集成各种各样 KOL 信息，将这些 KOL 的各项指标如粉丝数、粉丝活跃度、帖子的点赞、分享、转发数量和之前的广告表现等列出来供广告投放者选择。

第三步是在联系 KOL 做了营销之后，跟进管理营销进度和营销质量，需要评估 KOL 的视频或网帖的质量，给 Shopify 独立站带来了多少流量、转化率是多少，从而决定后续的营销工作。

9.3.4　联盟营销

联盟营销的本质就是 Shopify 独立站卖家通过联盟帮助推广产品和品牌，并支付相应的佣金或者分成。对于 Shopify 独立站卖家，想让联盟来给自己的产品和品牌进行推广，一般是如下流程。

1. 产品是否适合联盟营销

要考虑产品是否适合做联盟营销。做联盟营销意味着需要和别人分成，如果产品利润本身不是很高，就不适合做联盟营销，所以一定要考虑产品的利润是否足够高。

观察竞争对手是不是也在做联盟营销。如果竞争对手正在使用联盟营销的话，就证明这种模式是可行的，那么就也可以尝试一下。如果没有竞争对手做联盟营销，很大可能上是他们已经考虑过或者尝试过联盟营销但是效果不好，这样我们就要慎重考虑。

2. 联盟营销的插件

我们可以利用一些 Shopify 提供的联盟营销插件来实现联盟营销。直接在 Google 上搜索"联盟营销插件"或在 Shopify APP Store 里面进行搜索，就可以搜到很多联盟营销的插件，把这些插件安装在 Shopify 独立站，完成设置后就可以吸引一些做联盟营销的人来帮卖家推广产品。

注意，对于处于起步阶段的 Shopify 独立站卖家，由于其独立站规模较小，使用联盟营销的效果可能不是很大，因为独立站本身是没有流量的，联盟推广者会判断转化率可能也不会很高，就不愿意去花费时间来给做推广。

本 章 小 结

本章分析了在 Shopify 独立站进行引流的基本途径，并介绍了免费引流和付费引流的主要方法，卖家在具体的运营中要不断尝试各种引流方法，并及时对引流的效果进行评估，并进行相应的调整，这样才能获得更好的引流效果，从而为 Shopify 独立站带来尽可能多的流量。

思 考 题

1. 分析在 Shopify 中如何进行邮件营销。
2. 分析 Shopify 独立站的 SEO 优化方法。

即 测 即 练

第 10 章 Shopify 独立站的优化方法

10.1 Logo 的设计与优化

10.1.1 Logo 设计的方法和原则

Logo 无论在品牌推广还是店铺推广中有着举足轻重的作用,一个好的 Logo 在日常的营销活动中是最亮眼和吸引人眼球的视觉元素。比如 iPhone 的 Logo 在全球范围内已经是非常的成功。下面介绍如何在 Shopify 独立站中应用设计和应用 Logo。

Logo 起到对标识拥有公司的识别和推广的作用,通过形象的 Logo 标识可以让用户记住公司的主体和品牌文化,起到宣传和树立品牌的作用。随着社会经济的发展和人们审美心理的变化,Logo 设计日益趋向多元化和个性化,和数字化及网络化不断融合。Logo 在 Shopify 独立站中也有着以下独特的作用。

- 有助于提升网站的信任度和转化,品牌的存在无形之中会给用户带来心理上默认的认可。无论是采用品牌模式还是垂直类目模式的独立站,好看且经典的 Logo 对网站的信任度和转化是有非常大的促进作用。
- 在独立站的发展过程中,品牌的塑造是其成为能否成功的关键,不要忽视品牌带来的效应和权益。而作为品牌形象化标识的载体,Logo 也会影响品牌的发展,要重视其质量。
- Logo 中采用的元素可以表达出产品的信息、行业的信息甚至是文化信息,Logo 被认知的过程也就是品牌成长的过程。虽然域名也可以让客户记住我们的 Shopify 独立站,但是域名毕竟是文字符号不太容易记忆,而 Logo 是图形符号,能给客户更直观和深刻的印象,能更好的表达品牌。

如何设计适合 Shopify 独立站的 Logo 呢?

可以使用图像或者字母作为元素来制作 Logo,但是最好和独立站的品类相关。优秀的 Logo 设计可以立刻传达出品牌的整体形象。设计 Logo 时应该遵循以下基本的设计原则。

- 可识别性就是一切:例如乐高 Logo 体现了孩子玩玩具时的开心快乐。耐克 Logo 象征希腊胜利翅膀的羽毛,代表着速度,同时也代表着动感和轻柔。麦当劳的 Logo 象征着欢乐和美味。世界知名的 Logo 都有其背后的品牌故事,使得这些品牌具有独特性。
- 简约也很重要:例如麦当劳的"M",耐克的"✓",苹果公司被咬了一口的苹果,这些具有识别性的 Logo 都非常的简洁。Logo 设计唯一要做的就是让它们与众不同、令人难忘以及清晰明了。

- 最多使用 3 种颜色：知名品牌的 Logo 很少使用太多的颜色，而事实证明这也是经过现实考验，符合实际的配色原则。那些经典且让人印象深刻的 Logo 通常都采用简单的配色。
- 使用 1～2 种字体：要想 Logo 呈现清楚整洁的效果，最好只使用 1～2 种字体，可以根据产品的特性或者使用的用户，选择刚硬或是温柔的字体类型。

注意设计禁忌：由于各国文化的差异，每个国家与地区都有某些特定禁忌。如日本忌荷花，忌数字 9 和 4，韩国也忌 4，美国人忌数字 13，加拿大和英国忌白百合。因此，在设计 Logo 时要充分了解目标市场的人文情况。

10.1.2　Logo 设计工具

Logo 设计是艺术设计中的一个重要分支，它在品牌设计领域几乎是不可替代的核心存在。每一个品牌都需要一个独一无二，具有代表性的 Logo 来作为品牌宣传和营销的核心，以下是常见 Logo 设计工具。

- Hatchful（www.shopify.com/tools/logo-maker）

是由 Shopify 提供的一款免费的在线 Logo 生成工具，能帮助使用者快速简单的生成美观专业的 Logo，并可以将 Logo 使用在社交媒体、店铺网址、个人主页和商品印刷等上面。Hatchful 提供了数百个模板、图标和颜色组合可以义随意变换，设计出每一个 Logo 图标具有独特性。

- Canvas（www.canva.com）

Canva 是一款支持多平台的在线平面设计工具。Canva 提供丰富的版权图片、原创插画以及各类优质设计模板。用户可以在选择喜欢的模板之后，通过简单修改即可在几分钟内创建出海报、简历、Banner 和名片等各类设计。

- Free Logo Design（www.freelogodesign.org）

该平台的特点就是提供免费的 Logo 设计服务。其为用户提供多种可用的模板，用户可以按照平台所提供的流程，调用各种字体、色彩和图形来构建 Logo。不过，完成设计之后输出的 Logo 并非高清的版本，付费后可以提供高清的版本，以及更多的定制选项。

- Logo Type Maker（logotypemaker.com）

该平台是一个在线的 Logo 设计平台，免费版本提供普通清晰度的 Logo 下载，高清的版本则需要付费下载。值得一提的是，Logo Type Maker 还有移动端 App，即使是在手机上也能进行 Logo 设计。

- Logo Garden（www.logogarden.com）

该平台提供的 Logo 设计服务也是相当的完善，它的在线编辑器提供海量的设计素材，通过关键词搜索获得相应的素材，选择好字体、配色和其他元素之后，只需几分钟的快速编辑即可完成 Logo 的设计。不过，如果想要获得高清或者矢量的 Logo 下载，是需要付费的。除此之外，Logo Garden 还提供创建网站、名片、T 恤和其他周边的服务。

我们可以在这些 Logo 设计工具中根据自己的需求和习惯，选择合适的工具来设计独立站 Logo。

10.1.3　Logo 设计方法

下面，以 Shopify 所提供的 Hatchful 这个 Logo 设计工具为例，介绍 Logo 的具体设计流程和方法。

首先访问 Hatchful 官网（https://www.shopify.com/tools/logo-maker），效果如图 10-1 所示。

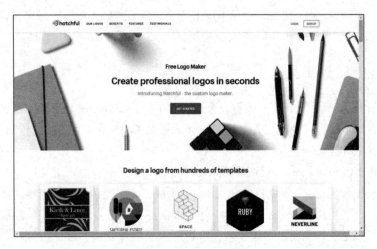

图 10-1　Hatchful 首页

单击"GET STRATED"按钮开始制作 Logo。进入选择产品类型选择（Choose your business space）页面，如图 10-2 所示。Hatchful 提供了 13 种分类供用户选择，可根据独立站的产品类型和定位进行选择，进而确定生成 Logo 的性质。

图 10-2　产品类型

选择一个分类（只能选一种）单击"NEXT"按钮，完成这一步操作。接下来选择视觉效果（Choose your visual style），这一步选择 Logo 具体的视觉效果。Hatchful 提供了 17 种的预设效果，如图 10-3 所示。

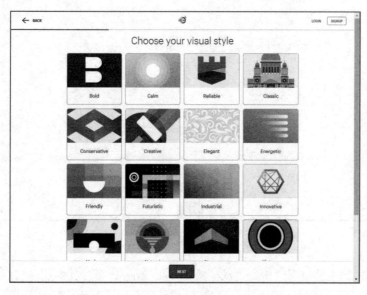

图 10-3　视觉效果

可以在其中选择自己喜欢的效果（最多可以选择 3 种），单击"NEXT"按钮进入下一步操作。接着可以填写品牌名称（Add your business name），如图 10-4 所示。这里填写的品牌名称和口号会应用到 Logo 中去，成为 Logo 的一部分。

图 10-4　品牌名称

填完以后单击"NEXT"按钮，进入下一步操作，选择 Logo 的应用场景（Tell us where the logo will be used），如图 10-5 所示。Hatchful 提供了 6 种应用场景，根据独立站的需要选择相应的应用场景（最多可选 6 种），并点击"NEXT"按钮完成操作。

第 10 章　Shopify 独立站的优化方法

图 10-5　应用场景

此时，会根据之前填写的信息自动生成了一批 Logo，可在其中选择满意的 Logo。当选中某个 Logo 之后，点击"Edit Logo"按钮对其进行细节调整，如图 10-6 所示。在此可以进一步调整内容（填写的名称和口号），Logo 的颜色，内容的字体以及布局。

图 10-6　编辑 Logo

调整完成以后单击"NEXT"按钮完成编辑操作，如图 10-7 所示。

图 10-7 生成 Logo

单击"DOWNLOAD"按钮，会要求用户登录才能下载，如图 10-8 所示。

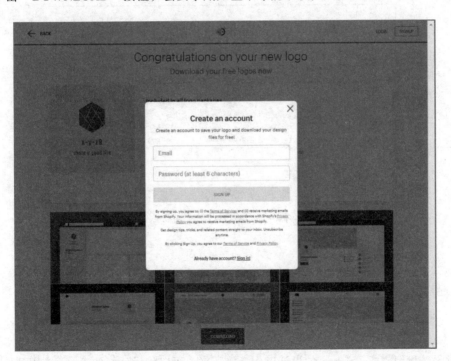

图 10-8 下载 Logo

完成登录之后，点击"DOWNLOAD"按钮，Hatchful 就会将生成的指定 Logo 发送至注册邮箱，如图 10-9 所示。

第 10 章　Shopify 独立站的优化方法

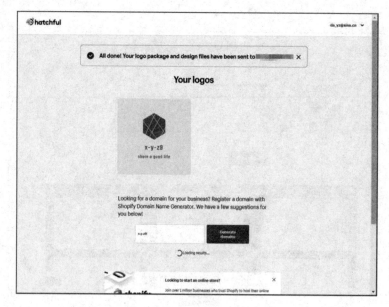

图 10-9　发送 Logo 至邮箱

其发送的压缩包中包含了各种不同用途的 Logo，如图 10-10 所示。

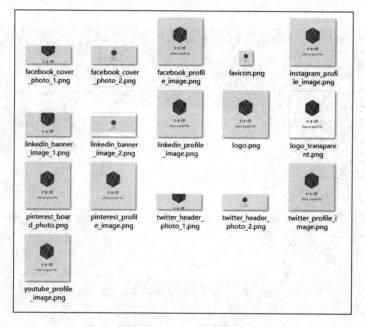

图 10-10　Logo 压缩包

至此，我们完成了 Logo 的设计工作，接下来，可以将设计好的 Logo 应用到 Shopify 独立站中。

登录 Shopify 独立站后台，选择在线商店的模板，单击"自定义"按钮，如图 10-11 所示。

图 10-11　自定义模板

进入自定义模板界面后选择"标头"项,选择 Logo 图片,如图 10-12 所示。

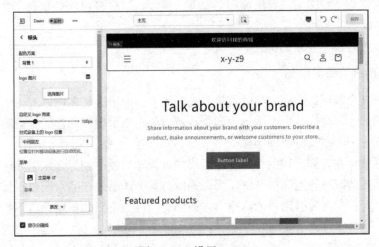

图 10-12　设置 Logo

选择生成的 Logo 图片,上传以完成 Logo 的设置,如图 10-13 所示。

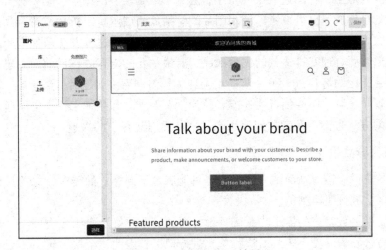

图 10-13　Logo 设置效果

第 10 章　Shopify 独立站的优化方法

这样，就完成了 Shopify 独立站 Logo 的设计和应用。

10.2 Shopify 独立站主页的优化

Shopify 主页（Home page）是 Shopify 独立站店铺的脸面，是客户访问店铺首先看到的页面。吸引人的主页可以大大提高主页商品转化率，要让客户在独立站上多停留，就首先要让主页给客户带来良好的体验。

有些客户在访问网站的时候目的性比较明确，但是也有一部分人并不是很清晰，只是随便逛逛。因此一个好的独立站主页，不但要能帮助有目的的客户得其所需，还应能引导那些没目的的潜在客户。

客户在 Shopify 独立站主页的平均停留时间并不长，一般在 10 至 20 秒。因此从设计的角度来讲这就意味着网站的导航流程需要非常清晰，这样客户才能顺利地快速定位到自己的需要的产品。

主页可以进行以下方面的优化。

1. 留住客户的首屏区域

首屏区域是指客户访问独立站时直接看到的区域。由于这是客户进入 Shopify 独立站时首先看到的部分，会给客户产生第一印象。所以要想吸引客户的注意，就需要在首屏区域给客户留下一个深刻及专业的印象。

许多独立站会在首屏区域的头部使用醒目的标题和有趣的副标题来引人注意，并吸引新用户对产品和品牌进行更深的了解。无论是向对某个产品或产品系列进行促销，还是想吸引潜在客户，视觉在吸引用户的注意力方面都有着极为重要的作用。以下是首屏区域视觉优化的一些途径。

- 添加含文字的图片：首屏区域中通常包含一个单独醒目的图片，一句简单的文案和一个行为号召按钮（CTA）。如想把限时优惠、特色产品或当季热销这样的促销放在首屏区域上，将上述三个元素组合起来形成含文字的图片，是一种有效的方法。
- 图片幻灯播放：也可以考虑使用图片幻灯播放来展示特定折扣或者产品图，对于产品比较多的卖家来说这是种不错的展示手段。可以用这种方法来推广产品系列或折扣。但需要合理安排播放的先后次序，要最主要的内容放在最前面。建议不要放太多图片，因为客户进入下一步前不会花太长时间看一张图片。
- 使用视频：对于那些创意性强或者较为复杂的产品和品牌来说，可以通过视频这种直观的方式告诉消费者如何使用产品，从而引起客户的兴趣。

2. 清晰的导航栏

主页的导航栏应该清晰简洁，同时要尽可能满足不同客户的需求，总的目标是要能够让客户在主页上进行快速浏览。

导航栏要以多数客户的需求为基础，设计得越简洁越好。由于人类使用"组块"的记忆法，是将信息分解成较小的"组块"单元进行记忆，因此"组块"越少，记起来就越容易。而人们的短期记忆通常只允许一次性容纳7个项目,所以 Shopify 独立站主页的导航栏上不要设计超过7个的导航链接。

较好的导航栏设计策略是将导航项目从左到右安排,并将最重要的页面放在左侧。如果独立站总有很多产品和产品系列,那么就把重点放在主要的产品和产品系列上,将其显示在主导航栏中,同时使用下拉菜单来创建二级导航来链接其他的内容。使用主导航栏和二级导航的组合能够更好地对产品和页面进行组织分类,而不会影响客户的购物体验。

有一些独立站还会根据自己的需求在主导航栏上设立"关于我们"、"联系"和"FAQ"等页面。如果发现这些页面的转化效果不如预期,就最好把它们从导航栏移到主页底部。

3. 易于访问的购物车

购物车是 Shopify 独立站的重要部分,是客户购物实现订单的载体,为了确保购物车更容易被客户找到,通常会将其设置为在页面右上角全程显示。此外,还可以通过角标显示购物车里已有的商品数量,这样提醒客户购买正在进行中,从而促使其完成购物。总之,要让购物车在主页上一目了然而且容易进入。

4. 搜索工具栏

除了简洁的导航栏与置顶的购物车之外,很多独立站还会在主页中添加搜索栏,来帮助那些目的性比较明确的客户去搜索其想要的产品。Shopify 独立站的搜索工具栏可以放在导航栏的右侧以方便客户访问。一般来说,经过搜索的客户更容易完成转化,因此简单快捷的搜索栏有助于客户更快定位到其想要的产品从而完成购买。

5. 符合移动端的主页设计

移动端(如手机和平板等设备)的浏览量一直在持续增长。Shopify 独立站中越来越多的流量是来自移动端客户,因此在主页设计的过程中也需要考虑到移动端用户这一因素。所以简化主页以及通过导航栏及 CTA,来引导用户的特定行为对于移动端客户的转化尤为重要。

10.3 Shopify 独立站落地页的优化

Shopify 落地页(Landing page)优化是独立站优化的关键步骤。主页针对的是已经知道品牌和网站 URL 的客户,而落地页一般展示的是当下某个营销活动或者某个产品。

落地页和主页的作用不太一样。主页是客户通过域名访问独立站所看到的第一页,其目的是让客户对 Shopify 独立站产生独特的印象,以及告诉客户独立站的产品和品牌,并引导他们在独立站中进一步浏览。而落地页的目的是使客户产生行为,例如购买产品、注册会员或点击了解更多信息等。对落地页进行优化,可以直接提高转化率。

以下介绍优化落地页的方法。

1. 展示价值的标题

选对标题是落地页优化的第一步,标题通常是关于产品或产品功能的,如"点网格笔记本"或"耐用皮革制品"。这些以功能为导向的标题无法告诉用户对他们有什么好处,也没有告诉他们在生活中拥有该产品的重要性。

如果将展示产品的标题修改为向客户展示价值的标题,可以更吸引客户,提高点击率。所以,在设计落地页标题的时候,要把重心放在如何向客户展示产品带来的价值,这样转化率自然就会提升。如可将"点网格笔记本"改为"效率笔记神器",这样的标题就更能吸引客户。

2. 清晰的内容

落地页不仅仅是产品列表或详细信息页面,落地页中更重要的元素是内容。落地页应该需要让客户在该页面中得到以下问题的答案。

- 这个网站有我想要的吗?
- 我可以信任这个网站吗?
- 从这个网站购物需要多长时间我才能收到?
- 有退货政策吗?

为了设计出最有效果的内容,卖家应改把自己想象成客户,从客户的角度去进行考虑。在内容的选词上,尽量选择客户搜索产品时会使用的那个关键词,而不是专业难懂的词汇。这样,当客户看到落地页的内容描述跟自己所搜索的同样时,自然会更愿意完成购买。

3. 展示单个产品或活动

落地页的目的是为了引导客户产生行为。有些卖家会觉得展示多个产品或者多个营销活动会引导更多用户进行参与和购买。但结果恰恰相反,一个落地页上的内容太多只会互相干扰,转化率也会同步下降。

要明白精细化的重要性,把一个特定产品的价值或者活动描述清楚,让客户把注意力都放在这一件事情,这样才能最大程度地促使他们购买或参与活动。

4. 以利益为导向的 CTA 按钮

行动号召(Call-to-Action,CTA)按钮是网站和移动设备重要的交互元素之一。其主要目的是号召客户采取某些行动,为特定页面如立即购买,提交和订阅等页面提供转化。每一个 CTA 按钮都是转化的关键,所以需要独立站中的每个 CTA 都尽量用价值和利益来吸引客户点击,要设计时特别注意。对比两个 CTA,一个是"get instant access now(立即访问)",另外一个是"Read Full Essay Now(阅读全文)",很明显,后者更具体地表明了点击之后的内容,因此,能获得更多的点击。

所以,在 Shopify 独立站中要让这些 CTA 变得详细且具有吸引力,告诉客户为什么要去点击。同时,建议 CTA 按钮的颜色要和其他地方不相同,让它处在最显眼的地方。

5. 合适的内容长度

落地页的页面内容长度多少合适,很大程度上取决于产品,总的来说,有以下规律。

如果展示的内容重点是便宜和免费,是希望让客户产生冲动购买,那么这种页面内容就尽量短,不要让客户有更多的时间进行思考。

而比较详细和篇幅较长的描述,适合客单价比较高或者比较复杂的产品,客户购买这些产品的时候会比较谨慎,一般会仔细阅读网站内容,因此内容要越详细越好,包括产品介绍、场景模拟和真实用户评价等,这样才能让客户全面了解相关信息。

10.4　Shopify 独立站结账的优化

当客户被引流到 Shopify 独立站,并且在落地页中对某个产品产生了购买欲望后,就需要让客户流畅顺利地完成结账。为实现该目标,可以从以下方面来对结账进行优化。

1. 流程优化

由于客户的购买欲望持续时间往往不会太长,所以要在结账的流程上尽量简短。可以在结账时,让客户不用注册或者订阅邮件就可以购买,这样就可以精简结账的环节,同时中途不容易出现干扰客户结账的因素,可以让客户快速完成结账。

导致出现购物车弃置的最大的原因就是复杂繁琐的付款信息填写过程,因此可以设置客户付款时只需要填写必须信息,如客户的地址、联系方式和付款方式,从而简化结账流程。

很多卖家希望得到更多的客户信息如性别和生日等用于后期的用户运营,但是这样做有可能导致较高的订单流失率,那就得不偿失。站在客户的角度想,人们都是不愿意在网络平台泄露太多的个人信息的,因此不管在哪个步骤,都不要忘了用户思维,从客户的角度出发进行思考。如果想要得到客户更多的信息,可以通过其他更好的渠道实现,比如客户刚进入 Shopify 独立站时让其填写邮箱可以获得优惠券;也可通过邮件营销来获得,如鼓励客户提交生日日期,这样在生日当天可以获得小礼品等。

我们可以在 Shopify 后台"设置"的"结账"中进行相应的设置,如图 10-14 所示。

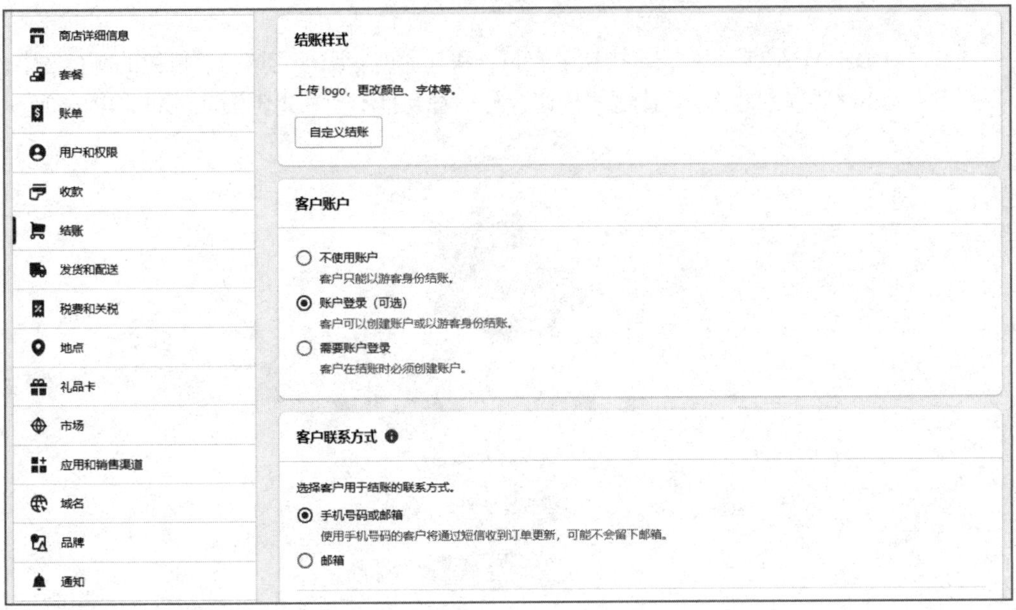

图 10-14　结账设置

建议在购物车中尽量不要放入其他信息（如推荐信息）。如果一定要放，就要注意客户体验，可以放入购物车产品的客户好评，这样可以让客户更放心自己的选择，有助于完成最终的购物。

2. 页面优化

有一些页面优化方法也有助于优化结账。

- 产品的按钮要明确。如果产品有很多规格，有着不同的颜色、尺寸或者款式，那么，把所有按钮都同时显示出来，如图 10-15 所示。这样就可以方便客户进行选择操作，提高购买速度。

图 10-15　显示效果

- "ADD TO CART"等 CTA 按钮要醒目，和其他内容跟进行区分。按钮的颜色、字体和大小都要仔细考虑，要让这些按钮容易被看到且不让人感觉突兀。如图 10-16 所示。

图 10-16　ADD TO CART 按钮

- 建议加入支付信任图标，提高客户对独立站的信任感，如图 10-17 所示。但是信任图标中的支付服务必须是独立站支持的，如果独立站不支持却显示，那么反而会降低客户的信任感。

图 10-17　支付信任图标

- 可以采用倒计时等方式，适当地给客户增加付款的紧迫感，从而刺激客户尽快完成付款。

本 章 小 结

本章介绍了 Shopify 独立站的优化方法，通过对主页、落地页以及结账页的优化，使得 Shopify 独立站更加美观和专业，能给客户更好的购物体验。同时通过这些优化操作还能给客户更好的信任感，从而促使客户下单购买，提高转化率。

思 考 题

1. 分析如何从速度方面对 Shopify 独立站进行优化。
2. 当优化 Shopify 独立站时，卖家需要考虑哪几个问题以便于决策？

即 测 即 练

第11章 Shopify独立站的常用应用

11.1 Shopify 应用

11.1.1 什么是 Shopify 应用

Shopify 独立站的一个重要优势是可以使用 Shopify 提供的丰富的应用（App）来提供各种功能，满足跨境电商卖家在构建和运营独立站的需求。

简单来讲，Shopify 独立站就像一部手机，拥有手机只能满足打电话、发短信的基本需求，如果想实现购买东西、视频聊天等功能，就要下载相应的 App。同样 Shopify 独立站建立之后，也是只有基础的购物功能，如果要实现批量管理产品、批量管理订单和高级的邮件营销等功能，就需要安装相应的 Shopify 应用。

Shopify 的应用十分丰富，有些可以帮助优化展示页面、比如在商品详情页，可以加入倒计时来激励用户赶紧下单；有些可以帮助提升转化率，如在结账阶段激励用户下单，在用户没有支付时，自动对用户进行再营销；有些则可以提供一些诸如抽奖这样的活动，刺激用户进行购买。总体上讲，Shopify 中的这些应用包含了店铺设计、产品渠道、物流渠道、市场营销、客户维护、库存管理和销售等各方面。

可以说要想运营好 Shopify 独立站，是完全离不开应用的，用好 Shopify 的应用是做好 Shopify 独立站的重要基础。

11.1.2 Shopify 应用的安装

可以通过以下两种方式来搜索和安装 Shopify 应用。

1. 在 Shopify App 官方商店中搜索并安装

登录 Shopify App 官方商店（https://apps.shopify.com/），如图 11-1 所示。

如果用户已经登录 Shopify 独立站，则会显示针对该登录用户的推荐。App 商城对各种应用进行了分类，可以按用途来进行选择，也可以直接根据关键词来进行搜索，如图 11-2 所示。

如果我们想实现通过倒计时来增加购买的紧迫感，就可以在 App 商店中搜索相应的关键词如 Countdown Timer。会出现如图 11-3 所示的搜索结果。

在搜索结果中可以根据评分、收费情况以及功能介绍来点击选择适合的应用，如选择应用"SALES ROCKET 40 Marketing Apps"，显示了该应用的相关信息，如图 11-4 所示。

可以单击"查看展示商店"观察该应用的演示效果，如图 11-5 所示。

如果该应用符合自己的需求，则点击"添加应用"会自动转到登录的 Shopify 独立站，并准备安装该应用，如图 11-6 所示。

图 11-1　Shopify 官方应用商店

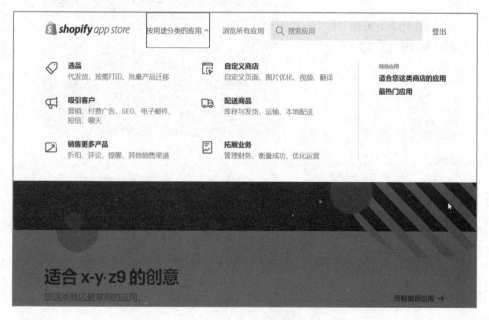

图 11-2　搜索应用方法

第 11 章　Shopify 独立站的常用应用

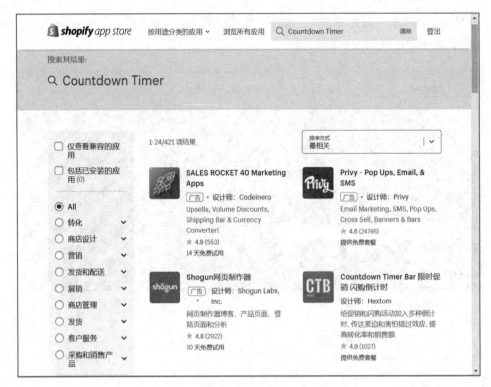

图 11-3　搜索应用结果

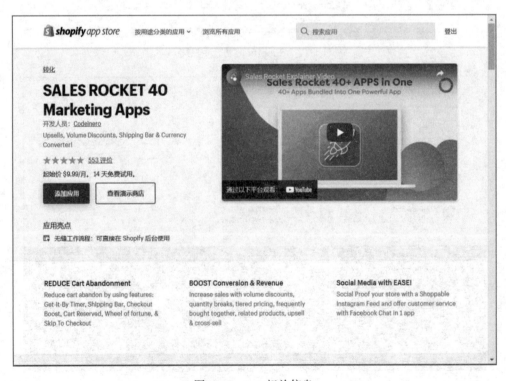

图 11-4　App 相关信息

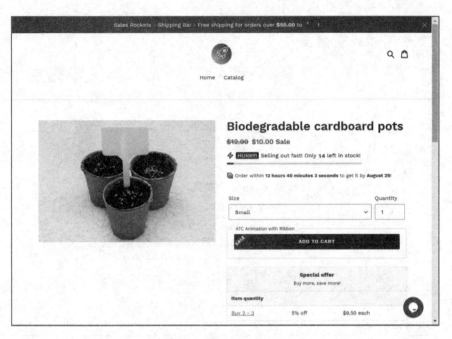

图 11-5　应用演示效果

图 11-6　安装应用

单击"安装应用"就可以将应用安装到 Shopify 独立站中。安装好之后可以在 Shopify 后台"设置"中的"应用和销售渠道"中看到 Shopify 独立站已安装的所有应用，如图 11-7 所示。

第 11 章　Shopify 独立站的常用应用

图 11-7 安装的应用列表

2. 在 Shopify 独立站后台中搜索并安装应用

登录 Shopify 独立站后台，单击"应用"，在搜索框中直接输入关键词搜索需要的应用，将会转到 Shopify App 商店显示搜索结果，然后根据需要选择相应的应用，如图 11-8 所示。

图 11-8 搜索应用

还可以单击"所有推荐的应用"来显示精选应用，如图 11-9 所示，在其中选择安装需要的应用。

图 11-9　精选应用

以上就是在 Shopify 应用搜索和安装的基本方法。在使用 Shopify 应用时还要注意以下事项。

- 大部分应用是支持免费试用的，因此，如果需要的话可以先安装试用体验，然后再决定是否购买。另外，付费应用在过了试用期之后可能自动扣款，因此如果试用结束后不想使用该款应用的话，要在试用期结束前从 Shopify 后台删除该应用。
- 部分应用会调用 Shopify 之外的网络资源，因此，安装过多的应用可能会影响网站的打开速度，因此不要安装不必要的应用。另外，后台中那些安装了但是使用的应用，也可能会影响到网站的速度，因此建议将不再使用的应用从后台中删除掉。

下面介绍一些常用的 Shopify 应用。

11.2　常用 Shopify 应用

1. DSers-AliExpress Dropshipping

许多跨境电商卖家新手在起步阶段采用 Dropshipping 方式，通过从全球速卖通等渠道导入产品实现 Dropshipping 一件代发。

DSers 提供了全球速卖通的 Dropshipping 解决方案，卖家可以在全球速卖通上找到合适的产品和供应商，获得优惠的价格和可靠的质量，从而使卖家获得更高的利润。卖家通过 DSers 直接上架供应商的产品，接到订单后，直接通过 DSers 找到相应的供货商，由供货商完成包装和发货，从而实现一件代发。DSers 应用如图 11-10 所示。

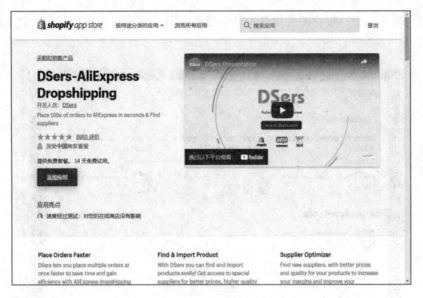

图 11-10　DSers 应用

2. Free Shipping Bar

邮费是影响客户购买的一个重要因素，数据显示 34%的客户只会购买包邮的商品。Free Shipping Bar 应用会在 Shopify 独立站上添加一个免邮的提示区域。设置免邮的条件后，该应用可以鼓励客户达到免邮的门槛，当客户达到包邮条件时，会提示客户。

如果设置的免邮的门槛不是特别高，并且结合合适的产品定价，该应用可以有效地提高销售额。Free Shipping Bar 应用如图 11-11 所示。

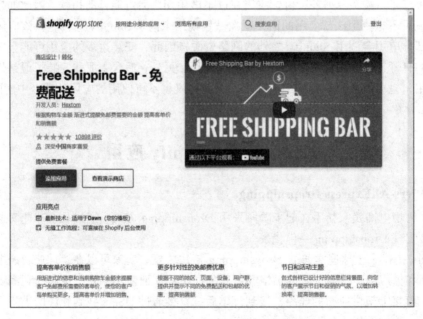

图 11-11　Free Shipping Bar 应用

3. Product Reviews

客户的评价对商品的销量有着重要的影响，大部分的客户在购买商品时会参考其他客户的评价。Product Review 是 Shopify 官方出品的一款免费的评价应用，可以为产品添加评价的模块，而评价中的关键词可以帮助独立站的产品在 SEO 中表现更好，更容易被客户发现。Product Review 应用如图 11-12 所示。

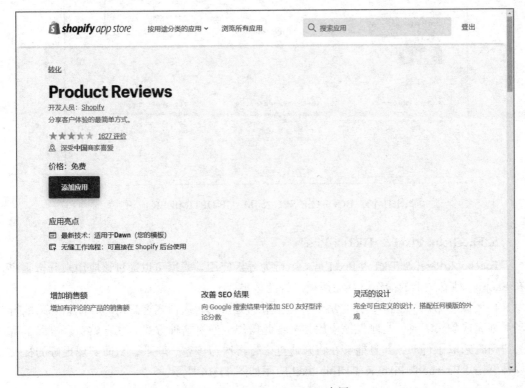

图 11-12　Product Reviews 应用

和其他产品评价应用相比，Product Review 的功能相对简单，能满足独立站的基本需求。如果需要更多的功能，例如在评论中插入图片以及一键导入亚马逊和速卖通的产品评价等功能的话，就需要使用其他功能更加强大的评价应用如 Loox，Ryviu 等。

4. BOOSTER SEO & IMAGE OPTIMIZER

Shopify 独立站的流量跟引流能力密切相关。除了付费方式的如 Facebook 广告和网红营销之外，但自然流量是也不可忽视的。而自然流量最主要的来源就是 Google 和 Bing 这类的搜索引擎。因此，SEO 对于 Shopify 独立站的引流和运营都非常重要。

BOOSTER SEO & IMAGE OPTIMIZER 应用可以帮助 Shopify 独立站提高 SEO 排名以增加流量和销售额。其可以使用优化的图像 ALT 标签来提高图像搜索流量；根据可定制的规则修复 SEO 问题；使用图像压缩引擎来压缩减小图像的文件大小；减少页面加载时间以提高独立站的排名；自动构建和维护站点地图并将其提交给 Google 以确保每个页面都能被 Google 索引和抓取。BOOSTER SEO & IMAGE OPTIMIZER 应用如图 11-13 所示。

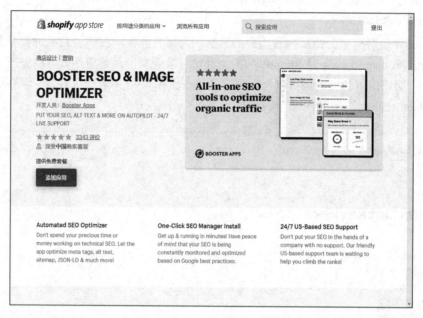

图 11-13　BOOSTER SEO & IMAGE OPTIMIZER 应用

5. Facebook Pixel & TikTok Pixel

Facebook Pixel & TikTok Pixel 是一个行为分析应用，卖家可以通过该应用来分析客户在 Shopify 独立站上的操作，从而衡量广告的效果。

使用该应用在 Shopify 独立站中放置相应的分析代码后，当客户访问独立站并采取行动（如完成购买）时，会触发该应用并报告此操作。通过这种方式，独立站卖家可以了解客户何时采取了行动，并且能够在将来通过广告再次与该客户联系，从而实现更好的社交媒体营销。Facebook Pixel & TikTok Pixel 应用如图 11-14 所示。

图 11-14　Facebook Pixel & TikTok Pixel 应用

6. Dianxiaomi（店小秘）

手动处理产品上架、库存管理和售后服务是 Shopify 独立站卖家的一大痛点，而 Dianxiaomi 是一个跨境电商 ERP 应用，通过与 Shopify、Wish、速卖通、eBay、Amazon、Lazada 和敦煌等多个跨境电商平台的深度对接，可以为卖家提供便携和高效的一站式服务，解决了多账号管理、手动处理效率低等问题。

Dianxiaomi 功能齐全，从产品上架和信息存储的线上运营，到采购供货和库存管理的供应链体系，再到发货提醒和客服回复的售后处理，实现了跨境电商整个流程的无缝连接，可以让卖家轻松完成了所有日常操作。Dianxiaomi 应用如图 11-15 所示。

图 11-15　Dianxiaomi 应用

7. Trust Me - Trust Badges & Icon

Trust badge& Icon 是网站安全图标，被广泛应用于 Shopify 独立站页面中，其作用是建立客户同店铺之间的安全信任，在 Shopify 独立站中添加网站安全图标越来越成为一种趋势。

Trust Me - Trust Badges & Icon 应用告知客户有多种付款方式，使用各种信任徽章帮助建立客户信任，激励客户安心支付货款，从而提高销售额，降低弃单率。Trust Me - Trust Badges & Icon 应用如图 11-16 所示。

除了上述应用之外，Shopify 还提供了很多各具特色和功能的的应用。卖家可以为 Shopify 独立站安装应用来试用，然后找到最适合自己的应用，以支持 Shopify 独立站获得成功。

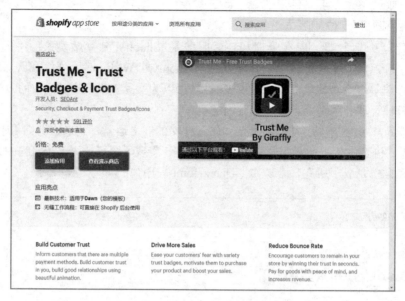

图 11-16　Trust Me 应用

本 章 小 结

本章分析了 Shopify 中应用的作用，并且介绍了 Shopify 独立站运营中常用的应用，这些应用可以帮助卖家对 Shopify 独立站进一步设置和优化，方便对其进行运营和管理，还提供了高扩展性。

思 考 题

1. Shopify 的应用有哪些类型。
2. 当考虑在 Shopify 独立站上使用常用应用时，卖家需要考虑哪几个问题以便于决策？

即 测 即 练

自学自测　扫描此码

参 考 文 献

[1] 易静，王兴，陈燕清. 跨境电子商务实务[M]. 清华大学出版社, 2020.

[2] 陈岩，李飞. 跨境电子商务[M]. 清华大学出版社, 2019.

[3] 外贸麦克. 跨境电商 Shopify 独立站运营实战[M]. 电子工业出版社. 2021.

[4] 丁晖. 跨境电商多平台运营实战基础[M]. 电子工业出版社. 2015.

[5] 农家庆. 跨境电商：平台规则＋采购物流＋通关合规全案[M]. 清华大学出版社. 2020.

[6] 柯丽敏，张彦红. 跨境电商运营从基础到实践.电子工业出版社[M]. 2020.

[7] Shopify 帮助中心[EB/OL]. [2022-10-5]. https://help.shopify.com/zh-CN.

教师服务

感谢您选用清华大学出版社的教材！为了更好地服务教学，我们为授课教师提供本书的教学辅助资源，以及本学科重点教材信息。请您扫码获取。

》 教辅获取

本书教辅资源，授课教师扫码获取

》 样书赠送

电子商务类重点教材，教师扫码获取样书

清华大学出版社

E-mail：tupfuwu@163.com
电话：010-83470332 / 83470142
地址：北京市海淀区双清路学研大厦 B 座 509

网址：http://www.tup.com.cn/
传真：8610-83470107
邮编：100084